Victor Karelin

Damals in Budapest

Ein Mann namens Raoul Wallenberg

Deutscher
Taschenbuch
Verlag

dtv

Titel der Originalausgabe: ›Damals in Budapest. Das Buch von Raoul Wallenberg‹

Ungekürzte Ausgabe
September 1985
Deutscher Taschenbuch Verlag GmbH & Co. KG, München

ISBN 3-451-19546-1
Umschlaggestaltung: Celestino Piatti
Umschlagbild: Bernhard Förth
Gesetzt aus der Garamond 10/11·
Gesamtherstellung: Ebner Ulm
Printed in Germany · ISBN 3-423-07852-9

Victor Karelin
Damals in Budapest

Der Autor:

Victor Karelin wurde 1931 in Dahlewitz, Kreis Teltow, geboren. Nach der Flucht im Jahre 1945 fand der Autor in Norddeutschland eine neue Heimat, wo er noch heute lebt. Er arbeitete als Hafenarbeiter, Industriepolizist, Lokalreporter und Berichterstatter aus Nordafrika sowie als Angestellter auf einer Kaffeeplantage in Belgisch-Kongo, um seinen Unterhalt zu verdienen. Heute ist er Journalist, Schriftsteller und Fernsehregisseur. Als Kenner der russischen Kulturgeschichte und Politik gilt sein Hauptinteresse dem Ende der Zarenzeit und dem Beginn des kommunistischen Rußland.

Vorwort

Dies ist die Darstellung eines ungewöhnlichen Zweikampfes. Ausgetragen wurde er in der zweiten Hälfte des Jahres 1944 in einer europäischen Großstadt, Budapest, und die zur Anwendung kommenden Waffen waren Moral und Mut gegen braunen Ungeist und völkermordenden Rassenwahn.
Als Raoul Wallenberg, offiziell ausgewiesen als Dritter Sekretär der schwedischen Gesandtschaft, im Juli 1944 in Budapest eintraf, lautete sein Auftrag, so viele Juden wie möglich vor dem Abtransport nach Auschwitz zu bewahren.
An die hunderttausend jüdische Männer, Frauen und Kinder, so schätzt man, hat Wallenberg vor dem deutschen Zugriff bewahrt, bis er, Januar 1945, nach dem Einmarsch der Roten Armee in das Hauptquartier des Sowjetmarschalls Malinowski bestellt wurde. Danach verliert sich seine Spur im Archipel GUlag.
Geblieben ist die Frage: Ist Raoul Wallenberg tot – oder ist er, ein mittlerweile alter Mann, in sowjetischer Gefangenschaft immer noch am Leben? Seine Freunde sind vom letzteren überzeugt, denn immer wieder melden sich Zeugen, die den sowjetischerseits amtlich totgesagten schwedischen Diplomaten in den Lagern und Gefängnissen der Sowjetunion gesehen haben wollen. Schweden hat nicht aufgehört, die Freilassung des Mannes zu fordern, der im November 1952 – in Abwesenheit, wie es hieß, doch nicht posthum – den schwedischen Verdienstorden ›Illis quorum‹ verliehen bekommen hat.

1. Kapitel

Simon Jabukowitz
Kein Zug für Auschwitz

Er sorgte dafür, daß die deutschen
und ungarischen Nazi-Behörden erkannten,
daß jenseits ihrer brutalen Macht
eine furchtlose moralische Kraft existierte,
der sie unterlegen waren ...

GEORG BARAINY
über Raoul Wallenberg

Man muß sie wie Tuberkelbazillen behandeln,
an denen sich ein gesunder Körper
anstecken kann.

ADOLF HITLER
über die Juden

Ich sitze ihm gegenüber im diffusen Licht eines zweitrangigen Hotelzimmers in Kiel, in dem er für die Dauer des Verfahrens gegen den ehemaligen Judenreferenten in Belgien, Kurt Asche, als Beobachter Quartier bezogen hat.
Simon Jabukowitz ist ein Mann um die Fünfzig, groß, schwer, mit langsamen Bewegungen und verhangen wirkenden Augen: Herausgeber eines jiddischen Monatsblattes in Montreal. Als ich ihn anrief und ihm mein Anliegen schilderte, war er sofort bereit, mich zu empfangen.
»Wenn ich Ihnen helfen kann...«
Damals in Budapest war er zwölf. Er räumt ein, sich nicht an alles erinnern zu können. In Wirklichkeit erinnert er sich an fast alles – im Gegensatz zu mir. Ich bin jünger als er, und meine Erinnerung an das Jahr 1944 beschränkt sich auf den verschwommenen Umriß eines bärtigen Gesichts – mein Vater? – und auf eine sanfte Stimme, die mich in den Schlaf singt – die Stimme meiner Mutter? Und weiterhin sind da Lärm und glänzende schwarze Stiefel und Schreie und Schüsse. Was verbindet sich mit diesem Alptraum? Und was war davor? Um wieviele Jahre Erinnerung bin ich jünger als Jabukowitz? Sind es sechs, sind es sieben, sind es nur vier? In meinem Paß steht als Datum meiner Geburt lakonisch: unbekannt. Ich bin ein Kind der Phönixstraße, ohne zu wissen, wie ich dorthin gelangt bin.
Ich bin ein Mensch ohne Vorgeschichte. Man nennt mich Joel. War dies schon immer mein Name gewesen? Ich weiß es nicht. Werde ich es erfahren? Ich bin aufgebrochen in die Vergangenheit, ich habe mich auf die Suche gemacht nach einer Spur, nach einem Hinweis, nach einer Antwort auf die Frage: Wer bin ich, Joel?
Simon Jabukowitz erzählt stockend, mit leiser, brüchiger Stimme.

Über den Dächern lag das graue Licht des anbrechenden Tages, als ich, weil ich glaubte, ersticken zu müssen, mit einem Schrei aus dem Schlaf fuhr. Mutter nahm mich sofort in den Arm und legte mir eine Hand auf den Mund. »Psst!« sagte sie. »Psst!« Vater und die anderen Männer drängten sich vor dem Fenster und blickten hinab auf die Straße, woher all die Unruhe kam. Meine erste bewußte Empfindung war Angst.

Die Nacht war heiß und schwül gewesen, und heiß und schwül ließ sich auch dieser frühe Augustmorgen an. Ganz Ungarn litt unter der schweren, feuchten Hitze, aber nirgendwo in Budapest wurde mehr darunter gelitten als in den zweieinhalbtausend alten Häusern rings um die Synagoge, die seit ein paar Wochen vollgestopft waren mit mehr als hunderttausend vielköpfigen Familien und das Ghetto bildeten: eine wasserlose Hölle inmitten einer um Wasser nie verlegenen Stadt.

Anfangs, als das Wasser ausgeblieben war, hatte man an eine vorübergehende technische Störung gedacht und die versiegten Wasserhähne belauert, doch mittlerweile war aus einem von Mund zu Mund verbreiteten Gerücht längst die amtliche Gewißheit geworden, daß Eichmann selbst die Anordnung gegeben hatte, das Ghetto von der kommunalen Wasserleitung abzukoppeln. Ich war zwölf Jahre alt, als das geschah: als zum Hunger auch noch der Durst dazukam. Wie alle anderen Frauen schleppte auch meine Mutter nun Tag für Tag das Wasser vom einzigen öffentlichen Brunnen herbei, dessen Benutzung für uns Juden erlaubt war: diesen einen kostbaren, unersetzlichen Eimerinhalt, für den sie sechs oder auch acht und sogar zehn Stunden in der Schlange gestanden hatte, unter dem Hohn und Spott der aufpassenden SS-Männer und Pfeilkreuzler – und manchmal auch unter deren Mißhandlungen. Und dann mußte man aufpassen, daß keiner von denen, mit denen man die Küche teilte, einem das Wasser stahl.

Über den Grund, warum uns die Nazis in diesem Ghetto zusammenpferchten, gingen die Ansichten auseinander.

Man nahm jeden Anlaß wahr, darüber lang und breit zu debattieren. Vater war einer von den Optimisten.
»Gut«, pflegte er zu sagen, »gut, sollen sie uns im Ghetto nur zusammenpressen wie die Ölsardinen! Das bringt uns nicht um, im Gegenteil, das läßt uns überleben. Draußen auf dem flachen Land sind die Deutschen Herr der Lage, und die Züge nach Auschwitz rollen und rollen – aber hier in Budapest muß Eichmann Rücksicht nehmen auf die Gesandtschaften der neutralen Staaten. Budapest – das ist nicht Krakau oder Warschau. Hier gibt es zu viele, die ihm auf die Finger sehen, zu viele Zeugen. Und wenn er uns drangsaliert – soll er! Das nimmt ein Ende, sobald die Russen kommen. Wir werden's erleben.«
Vater war ein überzeugender Redner mit einem vollen, wohltönenden Bariton, der zu den gefeiertsten Stimmen der Budapester Oper gehört hatte. Selten nur erntete er Widerspruch: Die feierliche Aufzählung der Botschaften und Gesandtschaften der Schweiz, von Schweden, Spanien, Portugal, El Salvadors und des Vatikans – alle in Buda, von uns nur durch die Breite der Donau getrennt – hatte auf die Leute eine geradezu hypnotische Wirkung. Ach, dieses Kartenhaus aus Selbstbetrug, verzweifelter Hoffnung und nacktem Überlebenwollen! Im Handumdrehen brach es an diesem Augustmorgen zusammen.
»Still!« flüsterte Mutter mir zu und zitterte dabei wie Espenlaub. »Still! Wir wollen sie nicht auf uns aufmerksam machen. Es wird gleich vorbei sein. Still!«
Draußen wurden die Häuser aufgerufen, deren Bewohner für den Transport bestimmt waren. Auf jeden Aufruf folgte die Warnung, daß, wer in den Häusern zurückbliebe oder sonst den Versuch unternähme, sich zu verstekken, an Ort und Stelle erschossen würde. Auch unser Haus wurde aufgerufen.
Mutter weinte. Vater half mir beim Anziehen, während der Lautsprecher immer noch mit dem Tod durch Erschießen drohte. Vaters Hände waren nie zärtlicher gewesen. »Es hat nichts zu bedeuten, Simon«, sagte er. »Sie sind,

wie sie sind. Bestimmt wollen sie uns nur verlegen, vielleicht irgendwohin, wo es Wasser gibt.« Ich glaubte ihm kein Wort. Der Geruch, der von ihm ausging, war der der Angst.

Außerdem fühlte er sich schuldig, denn an ihm, weil er sich nicht ungepflegt hatte präsentieren wollen, so daß Mutter ihm im letzten Augenblick den Anzug bügeln mußte, hatte es gelegen, daß wir am Tag zuvor erst zu einem Zeitpunkt in der Tatra-Straße eingetroffen waren, als die vor der Abteilung C der schwedischen Gesandtschaft anstehende Menge bereits in die Hunderte ging.

Vater hatte mit einem Erfolg des Bittganges ohnehin nicht ernsthaft gerechnet, denn die Ausgabe der schwedischen Schutzpässe war bislang an die Bedingung eines Nachweises von verwandtschaftlichen oder geschäftlichen Beziehungen zu Schweden geknüpft gewesen; und von beidem konnte bei uns in keiner Weise die Rede sein. Immerhin hatte er sich, als das Gerücht aufkam, eine neueröffnete Abteilung C wäre nunmehr für die Schutzpässe zuständig und dort ginge man mit diesem Nachweis sehr großzügig um, zu einem Versuch entschlossen.

Wer über einen solchen Schutzpaß verfügte, stand automatisch unter dem Schutz des Königreiches Schweden, eines neutralen Staates. Die Pässe waren hochbegehrt, bedeutete ihr Besitz doch Unantastbarkeit: jedenfalls so lange, wie sich die Deutschen, um ihren für Finnland bestimmten Nachschub nicht zu gefährden, im Umgang mit Schweden an die international üblichen Gepflogenheiten hielten.

Das Bürsten und Bügeln des Anzugs brachte uns um die Gelegenheit, die Probe aufs Exempel zu machen und dem Wahrheitsgehalt des Gerüchtes auf den Grund zu gehen. Nachdem wir bis zum Abend in der Schlange gestanden hatten, mußten wir nur wenige Schritte vor den drei Kronen des schwedischen Wappens über der Schwelle aufgeben und mit leeren Händen zurückkehren, weil uns die Sperrstunde von der Straße vertrieb.

Immerhin fühlte Vater, der an diesem Tag mit vielen Menschen gesprochen hatte, sich in der Zweckmäßigkeit seines Tuns so sehr bestärkt, daß er ankündigte, den Versuch am folgenden Morgen zu wiederholen: wohl wissend, welche Strapazen er uns damit abverlangte, denn ohne etwas zu essen und zu trinken in der sengenden Sonne zu stehen und im Fünfminutenrhythmus jeweils einen Schritt vorzurücken, war eine ungeheuere körperliche Belastung.

Und nun war dieser folgende Morgen gekommen, und wir waren noch immer ohne schwedische Schutzpässe. Dafür waren die Nazis da.

Wir hielten uns an die Anweisungen, die uns der Lautsprecher gab. Als wir hinuntergingen, nahmen wir nichts mit. Im dunklen Treppenhaus gerieten wir in den Sog einer hastenden, keuchenden, schluchzenden und schwitzenden menschlichen Lawine. Die Leute beeilten sich, dem Befehl, sich auf der Straße einzufinden, ohne Säumen nachzukommen, als hinge davon, von ihrem blinden, unterwürfigen Gehorsam, das Wohlwollen ihrer Peiniger und damit ihr Leben ab.

Draußen war alles umstellt: Scheinwerfer, Schäferhunde, Militär. SS-Offiziere mit glänzenden schwarzen Lederstiefeln führten die Aufsicht und trafen gelegentlich Anordnungen, aber die eigentliche Arbeit wurde von ungarischen Pfeilkreuzlern besorgt: das Vergleichen der Ausweise mit den Listen, das Zusammenstellen der Leute zu abgezählten Gruppen und deren Verteilen auf die bereitstehenden Lastwagen. All das ging sehr rasch und sehr geregelt vor sich, ohne viel Geschrei und ohne sichtbare Anwendung von Gewalt. Um ein Wort meines Vaters zu gebrauchen: Die Inszenierung war perfekt.

War das ein Wunder, daß alles so reibungslos über die Bühne ging? An dieser Inszenierung war seit Jahren allenthalben im besetzten Europa und zuletzt auch in den ungarischen Provinzen geprobt worden, bis sie nur noch ein gängiges Routinestück war. Beim Anblick der Maschinenpistolen, Karabiner und hechelnden Hunde hoben wir die Hände über den Kopf, ohne daß man uns dazu eigens aufzufordern brauchte.

»Eins, zwei, drei, vier, fünf, sechs, sieben...«, eine wippende Reitgerte berührte meine Schulter, »links rüber und einsteigen, hopp hopp!«

Wir hatten Glück und blieben beieinander, wenigstens fürs erste. Anderweitig wurden, wenn die Abzählung es so ergab, die Familien ohne viel Federlesens auseinandergerissen. Den Betroffenen half kein Jammern und kein Bitten.

Wir waren schon im Lastwagen, als auf der Straße der Tumult ausbrach.

»Zurück!« und »Halt!« wurde gebrüllt. Die Ungarn wußten offenbar nicht, wie sie sich verhalten sollten. Ursache des Geschreis war eine junge Frau, die eine Treppe tiefer als wir gelebt hatten. Sie stammte aus Galizien, hieß es. Ihr Name ist mir unbekannt. Man sah sie stets in Begleitung ihres Kindes, eines blassen, zierlichen kleinen Burschen von fünf oder sechs Jahren, an dem das einzig Auffällige die großen roten, abstehenden Ohren waren.

Die Frau hielt sich nicht an die Regeln. Statt auf den Lastwagen zu steigen, rannte sie, ihr Kind auf dem Arm, so rasch ihre Füße sie trugen, zum Hauseingang zurück. So aussichtslos diese Flucht auch war, so war sie doch eine durch und durch vernünftige Reaktion, ein gesundes Aufbegehren. Wir alle hätten es dieser Frau nachtun sollen, von den Lastwagen springen, davonlaufen. Statt dessen verharrten wir stumm und starr und wie gelähmt auf den uns zugewiesenen Plätzen und sahen zu.

Die Frau erreichte den Eingang nicht. Kurz davor schoß man sie nieder. Sie fiel hin und rollte wimmernd über das Pflaster, doch noch im Sterben ließ sie das Kind nicht los. Zwei Pfeilkreuzler rissen es schließlich aus ihrer Umklammerung, während ein SS-Mann die Pistole hob.

Die Frau bäumte sich auf, streckte einen Arm nach dem

Kind aus und rief: »Joel!« Dann krachte der Schuß, der sie auf das Pflaster zurückwarf.
Auf einmal war alles sehr still, und nur die hallenden Schritte der Pfeilkreuzler waren zu hören, als sie herankamen und den kleinen Joel, wobei der eine ihn bei den Armen, der andere bei den Beinen hielt, mit einem mühelosen Schwenker zu uns auf die Ladefläche warfen. Danach ertönte das Signal zum Abfahren. Der Motor sprang an und hüllte uns in eine stinkende Abgaswolke ein.

Simon Jabukowitz verstummt. Sein Blick, der eben noch durch mich hindurchging in die uns beiden gemeinsame Vergangenheit, legt sich, plötzlich schwer und fragend, auf mich, und ich halte still und lasse die Prüfung über mich ergehen, obwohl ich bereits weiß, wie sie ausfallen wird. Meine Ohren sind anliegend, sind es immer gewesen.
Simon Jabukowitz kommt zu einem Urteil: Er schüttelt den Kopf. Und sein Blick gibt mich frei und fällt zurück in diesen Augustmorgen des Jahres 1944, als sich die Lastwagen mit ihrer menschlichen Fracht in Bewegung setzten.

Im letzten Augenblick sprang unser Bewacher auf, ein Pfeilkreuzler, und richtete seine Maschinenpistole auf uns. In dieser drohenden Haltung verharrte er, ein junger Mann mit Flaum und Pickeln im Gesicht, bis zum Ende der Fahrt. Auch ohne ihn wäre ein Entkommen kaum möglich gewesen, denn hinter uns her fuhren die anderen Lastwagen, und die ganze Kolonne wurde begleitet von deutschen Soldaten auf Motorrädern.
Wir waren darauf gefaßt, zum Güterbahnhof gebracht zu werden, um dort den Zug zu besteigen; das wäre ein Weg von nur wenigen Minuten gewesen. Die Fahrt zog sich jedoch in die Länge, und obwohl ich, festgeklemmt zwischen den schwitzenden Leibern der Erwachsenen,

nicht sehen konnte, durch welche Straßen wir fuhren, entnahm ich doch dem Flüstern und Murmeln derjenigen, die mehr sahen als ich, daß wir mit unbekanntem Ziel durch irgendwelche Vororte rollten.
Vater unternahm mit seiner freundlichen, gewinnenden und kultivierten Art den Versuch, von unserem Bewacher etwas über unsere Bestimmung zu erfahren, doch dieser antwortete darauf nur mit einer wüsten Beschimpfung und stieß Vater den Lauf seiner Waffe vor die Brust, als ob er ihn umbringen wollte.
Auf diese Weise waren wir wohl eine Stunde unterwegs, bis der Lastwagen endgültig zum Halten kam und erneut das Kommandieren anhob: »Raus, raus, raus!« Und: »Männer links, Frauen rechts! Hopp hopp!«
Jemand, der sich in der Gegend auskannte, sprach es aus, wo wir uns befanden: vor dem Bahnhof von Josefvarosy. Und damit war alles klar. Alle diese neutralen Botschaften und Gesandtschaften, von denen Vater sich so viel versprach, waren von den Deutschen kurzerhand dadurch überlistet worden, daß sie den Zug, der uns nach Auschwitz bringen sollte, nicht von Budapest aus, sondern von diesem unscheinbaren Vorortsbahnhof abfahren ließen. Hier in der Provinz brauchten sie niemanden zu scheuen: Ausländische Fotografen waren nicht zu befürchten.
Als Vater erkannte, wie unsinnig alle seine Hoffnungen gewesen waren, legte er einen Arm um die Schulter meiner Mutter, einen anderen Arm um mich und stimmte mit seinem wohllautenden Bariton ein altes Gebet an.
Ein SS-Mann begann sofort zu toben: »Maul halten! Habt ihr Drecksjuden denn alle Bohnen in den Ohren? Es hat geheißen: Männer links, Frauen rechts! Vorwärts, vorwärts, bevor es Prügel setzt!«
Die vor uns Angekommenen waren bereits nach Geschlechtern getrennt – einschließlich ihrer Kinder. Nur die Kleinkinder, die noch nicht laufen konnten, waren bei ihren Müttern belassen worden. Es gab entsetzliche Szenen: Menschen, die sich mit aller Kraft aneinander klam-

merten und mit Kolbenhieben auseinandergetrieben wurden. Man hörte Schreien, Schluchzen und immer wieder die rührenden, hilflosen Beschwörungen: »Paß auf dich auf!«

Vater sagte nicht »Paß auf dich auf!«, als er Mutter losließ und mit sanfter Gewalt, weil sie widerstrebte, auf die Frauengruppe zuschob. Er sagte: »Geh mit Gott und denke immer daran, daß ich dich liebe.« Mutter bückte sich noch einmal, um mich zu küssen, und ich schmeckte ihre Tränen. Als sie auf die andere Seite hinüberging, schwankte sie. Ich wollte hinter ihr herstürzen, aber Vater umklammerte unnachgiebig mein Handgelenk und ließ es nicht zu. Dabei bebte er am ganzen Körper.

Es gab einen Moment der Verwirrung, als der kleine Joel, der zu keinem gehörte, in der Mitte stehenblieb und plötzlich, als ein SS-Mann ihn anherrschte: »Männer links, Frauen rechts, das gilt auch für dich!«, jämmerlich zu weinen anfing.

Das Kind konnte einem leid tun, aber zu helfen war ihm nicht. Um aufzufallen, war es wirklich der am wenigsten geeignete Moment. Die Deutschen waren nervös und legten Wert darauf, uns so rasch und unauffällig wie möglich auf die Reise zu schicken, und nun geriet auf einmal ihre Ordnung durcheinander, weil da ein Judenbalg mit abstehenden Ohren stand und plärrte.

Der SS-Mann setzte sich in Bewegung. Wer weiß, was er diesem Joel angetan hätte, wenn ihm dazu der Anlaß nicht verdorben worden wäre. Ein alter Mann, ein Rabbi, war schneller. Mit einem »Mit Verlaub, der Herr Offizier!« trat er aus seiner Reihe, legte dem plärrenden Joel eine beschwichtigende Hand auf die Schulter und zog ihn, der sich plötzlich an ihn schmiegte, in die Männergruppe hinein. Damit war Joel fürs erste außer Sicht.

Heute weiß ich, daß der alte Rabbiner ein sehr tapferer Mann gewesen ist, denn mehr noch als die Deutschen selbst verabscheuten ihre ungarischen Gehilfen, die Pfeilkreuzler, Zwischenfälle dieser Art. Um ihre Macht über uns hervorzukehren, nahmen sie den geringsten Anlaß wahr. Wer in solchen Fällen nur ihre Kolbenhiebe zu spüren bekam, konnte von Glück reden. Der Rabbiner hatte, als er aus der Reihe trat, sein Leben aufs Spiel gesetzt. Wahrscheinlich aus Gründen der Eile ließ ihm der SS-Mann die Unbotmäßigkeit durchgehen, denn anderswo hieß es bereits: »Bewegung, Bewegung, hopp hopp!«

Inzwischen war es voller Tag geworden, ein heißer, glühender Vormittag. In der flimmernden Luft über dem Bahnhof stand auf einmal eine einsame weiße Wolke, und unter ihr ließ sich das schrille Pfeifen einer Lokomotive vernehmen.

Alles war bestens vorbereitet. Die Deutschen waren schon immer Meister in der Kunst des Organisierens gewesen. Ich stolperte hinter Vater her auf den mit Unkraut bewachsenen Bahnsteig, und dort stand wartend der Güterzug: eine lange Kette von gedeckten Viehwaggons mit weißer Kreidebeschriftung. Davor wimmelte es von Pfeilkreuzlern mit hechelnden Hunden. Erneut ging das Abzählen los. Ich klammerte mich an Vater. Ich weiß nicht, wie ich mich verhalten hätte, wenn ich von ihm getrennt worden wäre. Mit ihm und mir war eine Waggonladung komplett. Wir kletterten hinein, und es wurde sehr heiß, sehr stickig und sehr eng.

An diesem Tag machte ich eine sehr wichtige Erfahrung. Ich erfuhr, daß die Menschheit in zwei Gruppen zerfällt: in die der schlichten Gemüter und die der Erfahrenen. Es war ganz eindeutig. Während die schlichten Gemüter hilflos im Gedränge stehenblieben und nicht wußten, wie sie sich zu verhalten hatten, ohne einem anderen auf die Zehen zu treten, begannen die Erfahrenen sofort, sich für eine längere Reise häuslich einzurichten, indem sie ihre Ellbogen einsetzten, sich so breit wie möglich machten und die besten Plätze belegten. Ein wortloses, verbissenes Gerangel hob an. Die Erfahrenen ließen sich auf keine Kompromisse ein: Sie okkupierten alles, was in

dem qualvoll überfüllten Waggon irgendwie in Zusammenhang stand mit Licht und Luft.
Ich entdeckte den alten Rabbiner. Er gehörte nicht zu den Erfahrenen, aber auch nicht zu den anderen. In gewisser Weise nahm er eine Sonderstellung ein. Er stand in einer Ecke und war damit beschäftigt, den kleinen Joel zu beruhigen, dessen Schultern immer noch zuckten. Das Gesicht des alten Mannes war von all dem, was rings um ihn her geschah, sehr fern. Darin gab es nichts von der Eilfertigkeit der Erfahrenen und nichts von der Verwirrtheit der schlichten Gemüter. Es war sehr ruhig und sehr, sehr fern. Der Rabbi hatte dem Jungen seine beiden Hände auf den Kopf gelegt – und mir war, als könnte ich sehen, wie der Trost, den sie wortlos spendeten, zu wirken begann.
Ein dumpfes Dröhnen war plötzlich zu hören. Es kam näher und näher, und als es unseren Waggon erreichte, setzte sich die Schiebetür, durch die noch das Licht des Tages fiel, rumpelnd in Bewegung und fuhr zu. Im Anschluß daran wurde sie von außen verriegelt.
Ein Mann mittleren Alters, der eine gepunktete Krawatte trug, drehte durch. Er fing an, die Tür mit den Fäusten zu bearbeiten. Dazu schrie er: »Aufmachen! Sofort aufmachen!« Andere Männer packten ihn und zogen ihn von der Tür fort, und er schlug und trat brüllend um sich, bis er plötzlich schlaff und willenlos wurde und nur noch wimmerte.
»Sieh nicht hin!« sagte Vater. »Das ist kein schöner Anblick. Ich kenne den Herrn. Er ist einmal ein bekannter Opernkritiker gewesen, ein Mann, auf dessen Urteil es ankam.« Mir scheint, er erzählte mir das nur, um meine Gedanken mit irgend etwas zu beschäftigen – vielleicht auch zugleich seine eigenen, indem er sie auf eine völlig normale Konversation konzentrierte. »Es wird ihm hinterher peinlich sein, daß er sich so hat gehen lassen. Man sollte es ihm leicht machen und darüber hinwegsehen.«
Der Zwischenfall hatte unser aller Aufmerksamkeit vor-

übergehend gefesselt, so daß wir nun von dem, was sich auf dem Bahnsteig abspielte, völlig überrascht waren. Dort war auf einmal ein wildes Geschrei ausgebrochen. Jemand schrie: »Halt!«, und ein anderer schrie: »Kommen Sie sofort wieder runter!« Gleich darauf fielen Schüsse.
Mein erster Gedanke war, daß wieder jemand den Versuch unternommen hatte zu fliehen, doch diejenigen Erfahrenen, die sich ihren Platz in der Höhe des mit einem Drahtgitter gesicherten Fensters erkämpft hatten, durch das man einen Teil des Bahnhofs überblicken konnte, lieferten einen völlig anderslautenden Bericht.
Sie sagten, daß die Pfeilkreuzler Warnschüsse abgaben auf einen Mann, der plötzlich aufgetaucht war und, ohne sich durch die SS-Leute aufhalten zu lassen, vom Tender aus das Dach des ersten Waggons erklommen hatte.
Das Schießen auf dem Bahnsteig verstummte. Deutsche Stimmen ließen sich vernehmen. Unsere Beobachter meldeten, daß die SS sich anschickte, die Pfeilkreuzler vom Zug zurückzudrängen. Dann setzte draußen eine in deutscher Sprache geführte lautstarke Auseinandersetzung zwischen zwei Männern ein. Vater nahm dies zum Anlaß, sich, ohne mich loszulassen, zum Fenster durchzudrängeln.
»Erlauben Sie!« sagte er. »Ich verstehe deutsch! Bitte, machen Sie doch Platz.« Am Fenster angekommen, horchte er eine Weile; danach verkündete er mit wohllautendem Bariton: »Ich weiß nicht, wer er ist, dieser Herr, aber er sagt, er käme von der schwedischen Gesandtschaft und man könne ihn nicht daran hindern, eine Kontrolle vorzunehmen.«
Man hätte Vater gewähren lassen sollen: gewiß hätte man dann mehr erfahren. Doch nun wollte jeder einen Blick hinaus auf den Bahnsteig werfen, und Vater war nicht der Mann, der sich dem widersetzt hätte. Im übrigen mochte er auf der Talsohle seiner zusammengebrochenen Hoffnung davon überzeugt sein, daß nun, nachdem sich die Waggontür hinter uns geschlossen hatte, die Abfahrt des

Zuges nicht mehr ernsthaft in Frage gestellt werden konnte – auch nicht durch einen Vertreter der schwedischen Gesandtschaft.
In gewisser Weise wäre es sogar eine Wohltat gewesen, wenn sich der Zug endlich in Bewegung gesetzt hätte, so daß durch die Ritzen und Fugen erfrischende Fahrtluft gekommen wäre. Unter dem von der unbarmherzigen Augustsonne erhitzten Blechdach begann das Atmen schwer zu werden. Besonders ältere Menschen als auch solche, die unter einem Herzfehler litten, wurden von wahren Erstickungsanfällen geschüttelt. Es gab die ersten Zusammenbrüche.
Wozu bedurfte es eigentlich noch der Gaskammern von Auschwitz? Es hätte genügt, den Zug bis zum Abend in der prallen Sonne stehenzulassen, und von den tausend Insassen wäre keiner mehr am Leben gewesen.
In meiner Erinnerung an die Vorgänge auf dem Bahnhof Josefvarosy klafft eine Lücke. In der sauerstoffarmen Luft verfiel ich in einen apathischen Dämmerzustand. Ich sah alles, hörte alles – aber nichts davon kam bei mir an. Durch meine Wachträume geisterte der Hunger nach Luft. Ich weiß nicht, wie oft ich, von den kräftigen Händen meines Vaters gehalten, erstickt und wieder ins Leben zurückgekehrt bin, bis ich jene fremde Stimme vernahm, die direkt vom Himmel zu kommen schien: »Ich bitte um Ihre Aufmerksamkeit!«
Ich kam zu mir und erkannte: Die fremde Stimme stand im Zusammenhang mit einem dunklen Augenpaar auf der anderen Seite des Fenstergitters. Und der Mann, dem beides gehörte – Stimme und Augenpaar – lag flach auf dem Dach unseres Wagens und spähte von oben zu uns herein.
»Sollte es auch in diesem Waggon Personen geben, die einen schwedischen Schutzpaß besitzen, so bitte ich sie, sich umgehend zu melden.«
Der Mann sprach fließend Ungarisch mit einem kräftigen skandinavischen Akzent, und alles, was er sagte, hörte

sich sachlich an und sehr bestimmt. Auf dem Bahnsteig setzte neuerliches Gebrüll ein. Das Gesicht vor dem Drahtgitter verschwand. Vater mußte wieder seinen Fensterplatz einnehmen und übersetzen. Er tat es mit der ihm eigenen Akkuratesse.

»Der Herr sagt, er bestünde darauf, die Inhaber von schwedischen Schutzpässen auszusondern, bevor der Zug den Bahnhof verläßt. Und er sagt ferner: Falls man ihn daran hinderte, würde das zu ernsthaften diplomatischen Verwicklungen zwischen Schweden und dem Großdeutschen Reich führen.«

Der Mann auf dem Dach setzte sich durch. Das Gesicht mit den dunklen Augen tauchte zu uns zurück.

»Bitte, meine Herrschaften, Sie müssen sich schon entscheiden! Wer von Ihnen im Besitz eines schwedischen Schutzpasses oder eines gleichwertigen Dokumentes ist oder darauf glaubt Anspruch zu haben, braucht diese Reise nicht anzutreten.«

Vater nahm sich ein Herz.

»Ich!« sagte er.

»Sie haben einen Paß?« fragte der Mann auf dem Dach.

»Nein«, erwiderte Vater. »Aber ich erhebe Anspruch darauf.«

»Mit welcher Begründung?« erkundigte sich der Mann auf dem Dach.

»Ich bin Sänger«, antwortete Vater. »Mein größter Wunsch ist, einmal an der Stockholmer Oper zu singen.«

»Gut«, sagte der Mann auf dem Dach. »Ich notiere Ihren Namen.«

Vaters Hand preßte mein Handgelenk. »Jabukowitz Abraham. Dazu Simon, mein Sohn. Ferner meine Frau Rachel, die in irgendeinem der anderen Wagen ist.«

»Ausgezeichnet!« sagte der Mann auf dem Dach. »Aber Sie sind gewiß nicht der einzige in diesem Waggon, der Anspruch hat auf Ausstellung eines schwedischen Schutzpasses. Die Herrschaften werden sich schon zur Überprüfung ihrer Ansprüche bei mir einfinden müssen. Darf ich

Sie vorab bitten, sich den deutschen Behörden gegenüber in irgendeiner Weise auszuweisen.«
Das Gesicht vor dem Fenster verschwand. Der Mann wechselte hinüber auf das Dach des nächsten Waggons. Erneut vernahm ich seine Stimme, diesmal als ein fernes, gerade noch wahrnehmbares Wispern: »Ich bitte um Ihre Aufmerksamkeit...«
Vater zog mich an sich heran und drückte mich, und obwohl rings um uns her ein lautstarkes Debattieren ausbrach, sprach er kein einziges Wort mehr, als wollte er, was da eben gewesen war, nicht zerreden. Er preßte mich stumm an sich und hörte nicht auf, mir mit der Hand wie im Krampf immer wieder über das Haar zu streichen, bis irgendwann die Waggontür auffuhr und Licht und Luft zu uns hereinließ als auch den barschen Zuruf eines SS-Mannes: »Schweden-Juden zur Überprüfung raus! Hopp hopp!«
Vater nahm mich bei der Hand, und wir sprangen hinab auf den Bahnsteig, und hinter uns folgten die anderen. Bei allen anderen Waggons war es das gleiche Bild. Sie leerten sich im Handumdrehen. Die Leute hatten begriffen, was von ihnen erwartet wurde. Die Deutschen, auf einen solchen Ansturm von Schutzpaß-Berechtigten nicht vorbereitet, beeilten sich, eine Sperre zu errichten. Dort stand der Mann mit den dunklen Augen neben einem fluchenden SS-Offizier und winkte die Leute durch.
Die Reihe war an uns. Vater schwenkte seinen alten Theaterausweis.
»Jabukowitz Abraham.«
»Moment!« sagte der SS-Offizier. »Das ist doch...«
Die Hand des anderen Mannes kam der des SS-Offiziers zuvor und nahm Vater den Ausweis ab.
»Richtig, Herr Jabukowitz. Ihr Schutzpaß liegt für Sie bereit. Bitte, kommen Sie durch.«
Der SS-Offizier protestierte. Vater zögerte nicht. Er zwängte sich an ihm vorüber und zog mich hinter sich

her. Mutter wartete bereits auf der Straße, und wir rannten auf sie zu und fielen ihr in die Arme.
Später marschierten wir in die Stadt zurück, rund tausend Männer, Frauen und Kinder: eine ganze Zugladung, die ihren Bestimmungsort Auschwitz nicht erreichte. Der Mann mit den dunklen Augen, der uns befreit hatte, führte die Schar an. Er war nicht sehr groß und hatte ein blasses, ruhiges Gesicht.
Jemand stieß Vater an: »Sie da mit der lauten Stimme – wenn Sie das mal durchgeben: Sein Name ist Raoul Wallenberg, und er ist schwedischer Diplomat, der Leiter der Abteilung C!«
Zusammen mit Vater wandte ich mich um.
Ganz am Ende des Zuges fuhr ein großes Auto, ein Studebaker, mit einem schwedischen Wimpel. Und vor diesem Wagen her ging gemessenen Schrittes ein alter Rabbiner, der einen etwa sechsjährigen Jungen mit auffallend roten, abstehenden Ohren an der Hand führte, den kleinen Joel.

Simon Jabukowitz sieht mich an, schüttelt den Kopf und seufzt.
»Bis heute hätte ich wetten können, daß er Joel hieß und schreckliche Ohren hatte: rot und abstehend. Aber auf einmal bin ich mir dessen nicht mehr sicher. Die Bilder verschwimmen. Die Zeit deckt alles zu ... die Zeit.«
Ich weiß nicht, was ich darauf erwidern soll. Seine Verunsicherung greift auf mich über. Ich krame in meinem Gedächtnis. Vergebens. Die Spur, die mir Simon Jabukowitz gewiesen hat, bringt mich nicht weiter.
Er schiebt mir einen Zettel zu.
»Ich habe Ihnen ein paar Namen und Adressen notiert – von Leuten, die damals in Budapest dabei gewesen sind. Fragen Sie die ...«

2. Kapitel

Sarah Mayer-Avriel
Ein Mann namens Raoul Wallenberg

Ich erinnere mich noch daran,
wie er in Budapest eintraf.
Sein Gepäck bestand aus einem Rucksack,
einem Mantel und einem Revolver.
Den Revolver, sagte er,
habe ich nur mitgebracht,
um mir Mut zu machen.
Ich werde ihn niemals benutzen,
aber ich brauche ihn als moralische Stütze.
Er sagte das und lachte.

PER ANGER
über Raoul Wallenberg

...als Ergebnis der Fahrplankonferenz in Wien
haben die Vertreter der Reichsbahn
der Sicherheitspolizei die Bereitstellung
von rollendem Material zugesagt,
das den täglichen Abtransport
von 12000 Juden in vier Zügen
möglich macht.

EDMUND VEESENMAYER
Reichsbevollmächtigter in Ungarn

Tel Aviv im Nebel. Das Taxi biegt von der Küstenstraße ab, fährt noch etliche Minuten durch eine gespenstische Landschaft aus Reparaturschuppen, Wellblechbaracken und rostenden Autoleichen und entläßt mich vor einem mehrstöckigen Mietshaus im Stil der 50er Jahre.

Nachdem ich vier Treppen hoch gestiegen bin, lese ich an einer Tür den gesuchten Namen. Nur die Hälfte davon – Mayer – steht auf meinem Zettel. Der Rest – Avriel – dürfte irgendwann, wahrscheinlich durch eine Ehe, dazugekommen sein.

Ich klingele und warte und denke an das junge Mädchen Sarah, dessen Lebensweg sich möglicherweise mit dem des noch jüngeren Joel gekreuzt hat: damals in Budapest, als der an die Ostfront rollende Nachschub für die Wehrmacht hatte warten müssen, um den mit menschlicher Fracht für die Feuerschlünde von Auschwitz vollgestopften Güterzügen Vorfahrt zu gewähren.

Damals in Budapest ...

Die Tür ist auf, und ich spüre auf mir den fragenden, leicht mißtrauischen Blick einer schmalen Frau mit straffem grauem Haar, das im Nacken zu einem Knoten zusammengefaßt ist. Ich stelle mich vor. Sie verzieht keine Miene, aber sie bittet mich herein, und ich darf mich setzen.

Sie überbrückt die entstandene Verlegenheit, indem sie erzählt, daß sie im Archiv der Schuladministration beschäftigt ist.

Auf dem Sekretär steht die mit einem Trauerflor versehene Fotografie eines Mannes. Ich wende rasch den Blick ab, aber Sarah Mayer-Avriel beantwortet meine Frage, ohne daß ich sie ausgesprochen habe: »Mein Mann. Er ist im Sinai gefallen, am letzten Tag ...«

Sie sitzt mir gegenüber, und ihre Augen, die auf mir ruhen, suchen durch mich hindurch die Vergangen-

heit. Es ist keine Zeit, an die man gern zurückdenkt. »Joel?« sagt sie. Sie schweigt. Sie überlegt. Dann werden ihre Augen fündig. Sie sagt: »Da gab's tatsächlich einen Joel...

Es muß gewesen sein Ende Juni, Anfang Juli. Auf jeden Fall war Ungarn schon seit ein paar Monaten von den Deutschen besetzt, und Reichsverweser Horthy war nicht mehr Herr im eigenen Haus. Unter dem Schutz der Deutschen drängte die Nyilas-Partei, die Partei der Pfeilkreuzler, in alle wichtigen Ämter, und ihre bewaffneten Scharen fingen an, das Land unsicher zu machen. Die reguläre Polizei wußte bald nicht mehr, wem sie Gehorsam schuldig war. Noch etwas später ergriffen die Pfeilkreuzler, die ungarischen Nazis, dann endgültig die Macht – aber zu diesem Zeitpunkt, als ich es ablehnte, Joel das Leben zu retten, war das noch nicht geschehen. Das heißt, daß in Budapest noch halbwegs normale Verhältnisse herrschten, wenngleich die Juden schon im Ghetto zusammengetrieben waren und den gelben Stern tragen mußten.

Ich trug den gelben Stern nur, wenn ich ausging, und das geschah fast nie. Meist hielt ich mich auf dem Gelände der schwedischen Gesandtschaft auf, in der ich, um meinem Aufenthalt einen offiziellen Anstrich zu geben, als Küchenhilfe beschäftigt war. Durch die Vermittlung der Leiterin des Pensionats, in dem ich nach dem Willen meiner Eltern zu etwas »Besserem« erzogen werden sollte, war ich, als sich die ersten ernsthaften Schwierigkeiten abzeichneten, an Frau Nilson geraten, die einem Rettungswerk für jüdische Kinder vorstand, und wiederum über sie war mir dieses Asyl in der Gesandtschaft besorgt worden, über deren Dächern jeden Morgen bei Sonnenaufgang die blaue Flagge mit dem gelben Kreuz aufging. Ich war damals achtzehn Jahre alt, und mit meinen Kochkünsten war es nicht weit her, doch sowohl in der Küche als auch in den Wirtschaftsräumen und Vorratskammern gab es außer zu kochen genug anderes zu tun, um mir das beruhigende Gefühl zu vermitteln, nicht einfach ein schmarotzendes junges Ding zu sein. Es gehörte zu meinem Stolz, für Schutz, Unterkunft und Verpflegung mit entsprechender Arbeit zu bezahlen.

Im Souterrain bewohnte ich ein dreimal vier Meter großes Zimmer mit Blick auf die Straße: ein Zimmer, das ich mit niemandem zu teilen brauchte und das ganz allein mein Reich war. Wann immer ich wollte, konnte ich mich dorthin zurückziehen, ohne daß mir jemand nachstieg. Kurz: für die damals in Ungarn herrschenden Verhältnisse lebte ich wie Alice im Wunderland – satt und ohne Angst und mit allem erdenklichen Komfort.

Um diese Zeit waren auf dem flachen Land die Deportationen längst angelaufen. In der Gesandtschaft sammelte man die eintreffenden Berichte. Die Schweden waren außerordentlich gut informiert. Von ihnen hörte ich den Namen Auschwitz zum ersten Mal und erfuhr, daß es sich um ein Vernichtungslager handelte. Dorthin rollten dann auch aus der ungarischen Provinz die Transporte. Die Schweden, wenn sie um Hilfe angegangen wurden, taten ihr Bestes, um den Bedrängten zu helfen – ich selbst bin schließlich der lebende Beweis dafür –, aber bis auf Ausnahmen waren ihnen die Hände gebunden.

Vor diesem Hintergrund also geschah, was ich nie vergessen werde.

Es mag Erklärungen für mein Versagen geben. Ich war jung, unerfahren und nicht an den Umgang mit den profanen Dingen des Lebens gewöhnt: das perfekte Produkt eines Mädchenpensionats, in dessen dämmrigen Korridoren noch der Geist des 19. Jahrhunderts umging. Ich sprach Griechisch und Latein, ich spielte ganz leidlich die Flöte und war in der Lage, eine Tafel für zwölf Personen festlich zu decken, aber ich ekelte mich vor Spinnen, üblen Gerüchen und menschlichen Gebrechen. Eines Abends, als ich lesend im Bett lag, wurde von draußen sacht gegen mein Fenster gepocht. Anfangs war ich zu Tode erschrocken, dann jedoch nahm ich mir ein Herz, stand auf, löschte das Licht und öffnete das Fenster. Davor kauerte, in vor Dreck starrende Lumpen gehüllt, ein hüstelndes weibliches Gerippe mit strähnigem Haar und pergamentener Haut.

Heute, wenn ich daran zurückdenke, bin ich geneigt zu sagen, daß das Antlitz der Frau Reste einer gewissen Schönheit nicht entbehrte: einer triebhaften, animalischen Schönheit, wie man sie manchmal bei Zigeunerinnen findet.

Damals freilich sah ich lediglich die Verwahrlosung, den Schmutz und die Krankheit. Die Frau war im akuten Stadium schwindsüchtig. So jedenfalls lautete die von mir kurzerhand erstellte Diagnose, von deren Richtigkeit ich nach wie vor überzeugt bin. Schwindsucht war damals eine vor allem in den ärmeren Kreisen recht verbreitete Krankheit.

Die schwindsüchtige Frau sprach mich an. Aus irgendeinem Grund kannte sie meinen Namen. Sie benutzte ihn wiederholt und stellte damit eine Intimität her, die mir peinlich war. Sie sagte: »Sarah, du mußt mir helfen. Ich bitte dich bei allem, was dir heilig ist...«

Ich könnte schwören, sie nie zuvor gesehen zu haben. Immer und immer wieder habe ich mir ihr Gesicht ins Gedächtnis zurückgerufen und mit all jenen anderen Gesichtern verglichen, mit denen sich für mich ein konkretes Erinnern verbindet, doch eine Antwort auf die Frage, wer sie war, habe ich nie gefunden. Sie stammte weder aus dem Dorf, in dem ich als Tochter des lange Zeit angesehenen Lehrers Absalom Mayer aufgewachsen war, noch hatte sie in irgendeiner Weise etwas mit dem Mädchenpensionat zu tun, in dem ich meine letzten Jahre zugebracht hatte. Andererseits kannte sie meinen Namen, und die Art und Weise, wie sie ihn in den Mund nahm, verriet eine gewisse Vertrautheit.

Ich sollte ihr helfen, hatte sie gesagt, und nun hockte sie da und ließ mich spüren, daß sie darauf wartete, von mir erkannt zu werden. Aber ich erkannte sie nicht. Wie auch – da ich ihr zuvor doch noch nie begegnet war? Und ebenso wenig kannte ich das Kind, das sie im Arm trug, einen rachitisch wirkenden Knaben von vielleicht fünf Jahren, dessen Gesicht und Hände von einem eitrigen Ausschlag überzogen waren. Das Kind war mir auf Anhieb eklig.

Das allein gereicht mir noch nicht zum Vorwurf. Gegen Gefühlsregungen wie Sympathie oder Antipathie, Zuneigung oder Abneigung ist kein Mensch gefeit. Man ist ihnen, vor allem in jungen Jahren, unterworfen wie die Erde der Einwirkung von Sonne und Regen, Hitze und Frost.

Meine erste Reaktion war Bedauern – doch nicht der Art, daß ich mich des menschlichen Elends erbarmt hätte. Ich bedauerte lediglich, das Fenster aufgemacht zu haben. Am liebsten hätte ich es sofort wieder zugeschlagen, doch daran hinderte mich paradoxerweise die gleiche gute Erziehung, die mein Vorurteil heraufbeschwor. In meiner sicheren Zuflucht blieb ich starr stehen, schwieg und wartete ab.

Die Frau mit dem Totengesicht beugte sich vor, und ich spürte ihren schlechten Atem.

»Sarah«, erneut nannte sie mich beim Namen, »ich will nichts für mich. Ich werde zurückgehen zu meinem Mann. Man wird uns beide deportieren. Aber du bist gut aufgehoben ...«

Als sie mir das Kind reichen wollte, begriff ich, was sie von mir erwartete. Ich schauderte. Es war unmöglich. Ein guter Grund war, daß ich das meinen schwedischen Asylgebern nicht antun konnte. Ich genoß ihr Vertrauen und durfte es nicht mißbrauchen. An dieser Ausrede klammerte ich mich fest, um mich nicht der banalen Wahrheit stellen zu müssen: daß ich lieber gestorben wäre, als dieses unappetitliche Kind anzufassen.

»Nein!« sagte ich.

Sie hielt mir das Kind direkt vor das Gesicht, so daß ich, von Panik befallen, zurückwich. Sie streckte es mir entgegen wie... heute weiß ich es: wie eine Inkarnation Gottes. Heute bin ich vierundfünfzig Jahre alt und gebe offen zu, versagt zu haben. Damals war ich ein junges Ding, das sich vor Äußerlichkeiten wie Hautausschlag und Triefnase ekelte. Um keinen Preis der Welt hätte ich das Kind auch nur mit dem kleinen Finger berührt.

»Du kennst ihn doch, Sarah!« bettelte die fremde Frau. »Es ist Joel. Du erinnerst dich doch an Joel? Sie werden ihn umbringen, wenn du ihn nicht nimmst. Der Himmel wird's dir lohnen.«

Sarah Mayer-Avriel hält im Erzählen inne. Ihr Blick ruht auf der mit einem Trauerflor geschmückten Fotografie.

»Wer weiß«, sagt sie, »vielleicht wäre mein Mann, statt im Sinai zu fallen, heute noch am Leben, wenn ich damals den Lohn des Himmels erworben hätte. Können Sie beschwören, daß es da keine Zusammenhänge gibt? Man macht sich halt seine Gedanken darüber.«

Ich schweige. Ich kann ihr nicht helfen. Warum zieht sie mich in diese Sache hinein? Sie soll nicht abschweifen, sie soll begreifen, daß vor ihr ein Mann sitzt, der auf der Suche ist nach sich selbst.

Irgendwann fährt sie fort.

Ich glaube, ich habe wortlos den Kopf geschüttelt und das Fenster zugemacht. Sie klopfte noch einmal an und gab dann Ruhe.

Anderntags hörte ich zum ersten Mal den Namen Raoul Wallenberg. Man erwähnte ihn im Zusammenhang mit einer ihm zu übertragenden, noch nicht bestehenden Abteilung C, die zuständig sein sollte für die Vergabe von Schutzpässen an von der Deportation bedrohte Juden. Man sprach von diesem Raoul Wallenberg, der noch gar nicht eingetroffen war, wie von einer Zeitenwende.

Über den Koch, Sven Christianson, erfuhr ich Näheres. Endlich, berichtete er, wäre an eine Hilfs- und Rettungsaktion größeren Stils zu denken, im Einvernehmen mit dem Präsidenten der Vereinigten Staaten, Franklin Delano Roosevelt, der zu diesem Zweck einen enorm hohen Geldbetrag zur Verfügung gestellt hätte. Und die ganze Aktion, erzählte er, wäre in die Hände eines jungen Stockholmer Kaufmannes gelegt worden – eben jenes besagten Raoul Wallenbergs. Der ihm anvertraute Auftrag lautete: so viele Juden wie möglich vor der Deportation zu bewahren.

»Er ist Schwede, also ein Neutraler«, sagte Sven Christianson, »und überdies ein Kenner der Verhältnisse. Mag sein, daß er mehr Erfolg hat, als wir es bisher gehabt haben, auch wenn er bislang ein unbeschriebenes Blatt ist, nicht einmal Berufsdiplomat.«

Sven Christianson ließ durchblicken, daß er nicht allzu viel von der ganzen Sache hielt. Er war von Natur aus ein Skeptiker.

Außer ihm gab es noch mehr Informationsquellen. Noch bevor es Abend wurde, wußte ich so ziemlich alles über diesen erwarteten neuen Mann, dessen Eintreffen sich verzögerte, weil, um ihn in den Stand eines Diplomaten zu erheben, zuvor noch die Unterschrift des Königs eingeholt werden mußte. Raoul Wallenberg, vernahm ich, entstammte als Sohn eines früh verstorbenen Marineoffiziers einer angesehenen Bankiersfamilie. Als junger Mensch hatte er die halbe Welt bereist, die Türkei, Palästina, die Balkanländer, bis der Zweite Weltkrieg seine Pläne, Architekt zu werden, durchkreuzte und ihn als Geschäftsmann in die Teilhaberschaft eines in Stockholm ansässigen jüdischen Export-Import-Kaufmanns ungarischer Herkunft namens Dr. Lauer führte.

Wallenberg, erfuhr ich, kam mit besonderen Vollmachten und dem unbedingten Vorsatz, SS-Obersturmbannführer Eichmann so viele Hindernisse wie möglich in den Weg zu stellen: in der Hoffnung auf einen baldigen Einmarsch der

Roten Armee, die bereits am Fuße der Jablonica stand, am historischen »Karpathenpaß«, der in die ungarische Tiefebene führt.
Wo immer es sich ergab, schnappte ich einiges über diesen Wallenberg auf. Zu arbeiten gab es auch. Kurz: einen ganzen langen Tag hatte ich anderes zu tun, als an die schreckliche Frau mit ihrem aussätzigen Kind zu denken.
Am Abend war sie wieder da. Sie ließ mir mit ihrem Pochen und Wispern so lange keine Ruhe, bis ich verärgert das Fenster auftat. Ich war, um anderntags in aller Herrgottsfrühe aufbrechen zu können, früh ins Bett gegangen, und nun brachte sie mich um den benötigten Schlaf.
Sie war wieder da – sie und dieses unappetitliche Kind namens Joel, von dem sie behauptete, daß ich mich seiner erinnern mußte. Oder behauptete sie das nur, um mich moralisch in die Enge zu treiben, indem sie mich verwirrte und in Verlegenheit versetzte? Sie unterschätzte mich. Ich kannte ihren Joel nicht, und ich wollte ihn nicht kennen. Alles, was ich wollte, war, daß mich die Frau in Ruhe ließ: zumal vor mir ein anstrengender Tag lag, eine Reise bis in die Gegend von Kaposvár, für die ich mir Urlaub erbeten hatte.
»Sarah«, sagte sie, »weis' mich nicht wieder ab! Wohin soll ich mich denn wenden? Ich bitte dich ja auch nicht für mich. Mit mir, du siehst es, ist sowieso nicht mehr viel los. Mögen sie mich erschlagen! Der Mensch wird zum Sterben geboren. Aber zuvor hat er ein Recht auf Leben. Ich flehe dich an im Namen eines unschuldigen Kindes, im Namen Joels ...«
Ich bin daraufhin recht ausfallend geworden. Ich habe ihr gesagt, daß ich sie nicht kenne, weder sie noch diesen abscheulichen Joel, und ich habe sie gefragt, warum sie zur Abwechslung ihr Glück nicht mal auf dem Weg durch das Hauptportal versuchte, beim Gesandten Danielson persönlich.
Unter meinen Worten erlosch ihr Gesicht. Für mich jedoch war der Fall erledigt, und ich ging wieder zu Bett,

um mich für die Aufgaben des kommenden Tages zu erfrischen. Die Nachrichten, die von daheim eintrafen, klangen beruhigend und machten mich hoffen. Im letzten Brief hatte mein Vater geschrieben, daß es so aussähe, als sollten die im ungarischen Kernland ansässigen Juden von den Deportationen verschont bleiben. Anders als in den Grenzgebieten hätte es bislang weder in der Kreisstadt noch in den benachbarten Ortschaften Massenverhaftungen von Juden gegeben: alles wäre friedlich. Man rechne fast damit, das Ende des Krieges einigermaßen wohlbehalten zu erleben. Die weniger tröstliche Nachricht besagte, daß mein Vater aufgrund der Unterernährung heftig unter der Nachwirkung seiner Gasvergiftung aus dem Weltkrieg litt.
Die Schweden hatten mir von der Reise abgeraten, danach jedoch, als ich darauf bestand, ihr Bestes getan, um mich rundum abzusichern. Da ein Vetter meiner Mutter in Uppsala einen Waschsalon betrieb, war ich bereits im Besitz eines gültigen schwedischen Schutzpasses. Zusätzlich erhielt ich nun eine Bescheinigung, die mich als zum Personal der Gesandtschaft gehörig auswies. Ferner gab man mir eine an meinen Vater adressierte amtliche Einladung mit, er möge sich samt Ehefrau zwecks Entgegennahme eines Schutzbriefes in der Gesandtschaft persönlich vorstellen. Mein Gepäck bestand aus einem Koffer voller Lebensmittel
Unter Vorlage der schwedischen Arbeitsbescheinigung gelang es mir, eine Fahrkarte bis Szekszárd zu erhalten. Gleichwohl wurde mir vom ungarischen Schalterbeamten – durchaus nicht unhöflich – bedeutet, daß ich mit meinem Judenstern gut daran täte, keinen Sitzplatz für mich zu beanspruchen, denn gewisse Leute könnten daran Anstoß nehmen.
Während der Zug südwärts rollte, stand ich am Fenster und betrachtete die Veränderungen, die mit dem Land vor sich gegangen waren, seitdem ich diese Strecke zum letzten Mal gefahren war. Damals hatte es in Ungarn keine

deutschen Soldaten gegeben. Nun sah man ihre Uniformen auf allen Bahnhöfen. Man sah mit Soldaten und Kanonen und anderem Material beladene Züge, die an die Ostfront rollten, und man sah lange Lazarettzüge, die von der Ostfront zurückkehrten. Auch die Pfeilkreuzler waren neu. Sie gingen durch den Zug und kontrollierten die Ausweise – was, wenn überhaupt, Aufgabe der Gendarmen gewesen wäre. Als sie mir meine Papiere zurückgaben, sagten sie: »Mädchen, auf die Dauer hilft dir auch der beste Stempel nicht. Jud ist Jud.« Und dann machten sie mich auf einen Güterzug aufmerksam, der auf dem gegenüberliegenden Bahnsteig stand, und bemerkten: »Die da reisen bereits auf Kosten des Großdeutschen Reiches!« Bis zu diesem Augenblick hatte ich nicht darauf geachtet, daß hinter den vergitterten Fenstern Gesichter und Hände zu sehen waren. Es überlief mich kalt. Nie zuvor hatte ich einen Judentransport gesehen.

Von Szekszárd nahm ich den Bus, und die letzten zwei oder drei Kilometer ging ich, den Koffer in der Hand, zu Fuß.

Als ich daheim eintraf, sangen über dem Dorf die Lerchen, und auf dem Marktplatz standen viele Militärlastwagen. Die Leute, die zur Verladung kamen, trugen allesamt den gelben Stern. SS-Leute und Pfeilkreuzler überwachten den Vorgang.

In jedem Menschen schlummert der Instinkt. Der meine hieß mich, im Schutz der Linden stehenzubleiben, den Koffer abzusetzen und eine Hand schirmend über die linke Brustseite zu legen: wie um zu verdeutlichen, daß ich, obwohl auch ich den gelben Stern trug, nicht dazu gehörte.

Die Familie des Apothekers Offenbach wurde vorübergeführt. Der alte Mann lahmte, und als er mir sein Gesicht zuwandte, sah ich, daß es eine einzige blutige Maske war. Sein Blick wanderte abwesend über mich hinweg, ohne mich zu erkennen. In seinem Haus waren wir oft

zu Gast gewesen, und er und mein Vater hatten gern miteinander musiziert.
Ein Lastwagen setzte sich in Bewegung, wendete und rollte, eingehüllt in eine Staubwolke, auf Armeslänge an mir vorüber. Darauf befanden sich lauter Menschen, die ich kannte. Auch meine Eltern waren darunter, alle beide. Ich weiß nicht, ob auch sie mich sahen, wahrscheinlich nicht. Ich wollte rufen, winken, hinterherrennen – aber dann tat ich nichts von alledem. Ich blieb stehen und sah dem Lastwagen nach, bis er hinter der Biegung entschwand, und irgendwann nahm ich den Koffer wieder auf und ging zur Bushaltestelle zurück.
Auf halber Strecke hielt mich eine Pfeilkreuzlerstreife an. Mich retteten die schwedischen Papiere. Ich durfte gehen. Noch lange fürchtete ich, die Soldaten würden es sich anders überlegen und hinter mir herschicken, um mich, da ich doch Zeugin war ihres Treibens, in Gewahrsam zu nehmen, doch nichts dergleichen geschah. Erst viel später ging mir auf, was sie gemeint hatten, als sie bei Durchsicht meiner Papiere sagten: »Nur zu! Auf Wiedersehen in Budapest.«
Im Zug riß ich mich zusammen, um nicht vor all den fremden Leuten zu weinen. Und ich belog mich selbst, indem ich mir immer wieder sagte, daß man die Eltern gewiß nur in ein Arbeitslager brachte, wo sie, wenn sie nur fleißig und anstellig waren, noch lange, lange leben konnten. Ich gab mir alle erdenkliche Mühe, daran zu glauben, aber dagegen stand, ohne daß es sich verscheuchen ließ, das unheimliche Wissen um den wirklichen Bestimmungsort.
Kurz vor Budapest wurde ich, weil ein Kontrolleur entschied, daß ich trotz all meiner schwedischen Stempel als Jüdin keinen Anspruch hätte auf die Benutzung eines öffentlichen Transportmittels, aus dem Zug gewiesen, der gerade an einer Baustelle hielt. Der Zug fuhr wieder an, und ich rannte nebenher und rief, man möge mir doch den Koffer geben, aber ich erhielt ihn nicht.
Als ich in der Gesandtschaft eintraf, war ich siebenund-

zwanzig Stunden unterwegs gewesen, mehr als die Hälfte davon zu Fuß.

Im Erdgeschoß stand ein olivgrüner Rucksack, und bald wußte ich auch schon, daß er dem neuen Mann gehörte, der mit einem Aufenthalt in Berlin aus Stockholm vor wenigen Minuten eingetroffen war: nach einer schlaflos vor dem Abteil verbrachten Nacht. Irrtümlicherweise hatte man in Berlin den ihm als Diplomaten zustehenden Schlafwagenplatz erst für den folgenden Tag gebucht.

»Er hätte ebensogut in Berlin übernachten können«, erzählte eine der Sekretärinnen, die immer bestens informiert war, »aber er hatte es so eilig, nach Budapest zu kommen und Menschen zu retten, daß er nicht gewartet hat.« Als keiner lachte, merkte sie selbst, wie geschmacklos ihr Gewitzel war, und sie fügte kleinlaut hinzu: »Also, auf jeden Fall hat er die ganze Nacht, weil er keinen anderen Platz bekam, auf seinem Rucksack gesessen. Im Augenblick ist er bei Herrn Danielson und frühstückt.«

Von dem, was ich gesehen und erlebt hatte, noch zu sehr erfüllt, voller Schmerz, Trauer, Scham, Verzweiflung, Zorn und Haß, hielt ich mich nicht weiter auf, sondern verkroch mich, zu Tode erschöpft, wie ein krankes Tier in meine vier Wände. Ich schlief schlecht und wachte bei dem geringsten Geräusch auf: zitternd und schweißnaß. Durch meine Träume zog immer wieder das monotone Geräusch fahrender Züge mit vergitterten Fenstern. Sie stoben dahin über klirrende Weichen, und ihre Lokomotiven schnaubten und pfiffen.

Am Nachmittag trieb mich der Hunger hinaus – und dort am Kühlschrank stieß ich mit ihm zusammen, und er verschüttete etwas von der Milch, die er sich gerade geholt hatte, auf mein Kleid. Er sagte: »O Gott, das war nicht meine Absicht, wirklich, das tut mir leid.« Und dann sagte er noch: »Ich glaube, wir haben uns noch gar nicht kennengelernt. Mein Name ist Wallenberg.«

Würde man mich heute auffordern, ihn mit einem einzigen Satz zu beschreiben, dann würde ich sagen: Er sah aus wie einer, der gerne Bücher liest. Genauso sah er aus: ein ruhiger junger Mann von etwas über Dreißig, nicht groß, mit einem blassen Gesicht, in dem ein Paar dunkler Augen stand. Auch das Haar war dunkel, und, wie es sich für einen Bücherwurm gehörte, bereits erheblich gelichtet. Er hatte sich einen Lappen besorgt und machte sich daran, mein Kleid zu säubern.

Das also war er, der neue Gesandtschaftssekretär und Legationsrat, der mit dem Aufbau der Abteilung C beauftragt worden war, dieser Vertrauensmann des amerikanischen Präsidenten mit den besonderen Vollmachten.

Ich war enttäuscht. Den Mann, der aus Stockholm nach Budapest kam, um sich Eichmann in den Weg zu stellen, hatte ich mir anders vorgestellt. Ich glaube, ich habe wohl einen Helden erwartet: groß, breitschultrig, mit blitzenden Augen – am besten auf einem weißen Pferd. Und nun stand vor mir ein völlig gewöhnlicher Mensch.

Im Hintergrund ertönte plötzlich die Stimme des Gesandten Danielson, und Wallenberg verzog das Gesicht, grinste mich an und sagte: »Wohin sich der Mensch auch wendet, stets findet sich einer, der ihn an seine Pflicht erinnert. Es gibt keine Ruhe unter der Sonne.« Danach drückte er mir mit den Worten: »Wenigstens gibt's jetzt keine Flecken!« das Tuch in die Hand, nahm sein Glas Milch auf und verließ die Küche.

Alleingeblieben schlang ich mich voll. Ich fraß, als hinge von dem, was ich in mich hineinstopfte, mein Leben ab. Inzwischen habe ich mir sagen lassen, daß das eine ganz normale Reaktion war. Ich fraß gegen meine Verzweiflung an. Und um verzweifelt zu sein, hatte ich allen Grund. Da war vor allem die Deportation meiner Eltern. Aber – ich bin sicher, daß auch das mitspielte – da war auch dieser Raoul Wallenberg, den ich soeben kennengelernt hatte: ein Mann, der, wenn ihn ein junges Mädchen anrempelte, nicht einmal sein Milchglas festhalten konnte. Im Geist verglich ich ihn mit den großen, kräftigen, gefährlich aussehenden SS-Männern, die ich unterwegs

gesehen hatte, und je öfter ich das tat, desto größer wurde meine Verzweiflung und mit dieser mein Hunger.
Nachdem ich mich vollgeschlungen hatte, fiel ich erneut ins Bett, um meinen Tränen freien Lauf zu lassen, doch schon bald war ich wieder auf den Beinen. Die Straße war voller Unruhe. Ich warf mir den Morgenrock über und öffnete das Fenster.
Sie war es: tatsächlich. Auch an diesem Abend war sie, unbelehrbar und hartnäckig, zu meinem Fenster gekommen, um mir ihren widerwärtigen Joel anzupreisen, vor dem mich schauderte. Nur hatte ich mich, als sie an meine Scheibe klopfte, in der Küche befunden, und nun war sie tot.
Sie war tot, und ich fühlte mich erleichtert. Und noch wohler war mir zu Mute, nachdem ein paar Leute von der Gesandtschaft sie mit einem Laken oder einer Zeltbahn zugedeckt hatten, so daß sie nur noch ein unscheinbares Häuflein war. Jemand rief zu einem der Fenster über mir hinauf, man möchte doch die Polizei verständigen.
Gleich darauf sah ich Raoul Wallenberg noch einmal. Ich sah ihn herankommen und sich bücken. Er hob Joel, der neben seiner toten Mutter friedlich schlief, auf, schmiegte ihn an seine Brust und trug ihn ins Haus.

Auf einmal ist es so still im Zimmer, daß man die Geräusche des nicht allzu fernen Hafens hört. Sarah Mayer-Avriel ist verstummt.
Während sie erzählte, ist eine Wandlung mit ihr vorgegangen. Am Anfang – so etwas spürt man als Zuhörer – ist es dieser kleine, ihr so widerwärtige Joel gewesen, um den sie ihre Erinnerungen gesponnen hat. Aber irgendwann ist mehr und mehr dieser Mann aus Schweden, Raoul Wallenberg, in den Mittelpunkt ihres Berichtes getreten.
Und nun, da sie schweigt, sind ihre Gedanken mit ihm beschäftigt.
Daß sie ihn kennt, von Angesicht zu Angesicht, hat sie

mir voraus. Und ebenso dies: daß sie, um sich selbst zu finden, nicht aufzubrechen braucht zu den Nebeln über der Vergangenheit. Sie kennt die Fakten. Ihre Eltern wurden deportiert – meine wahrscheinlich auch, falls sie nicht ganz profan gleich an Ort und Stelle erschlagen worden sind. Aber sie hat, sobald sie die Augen schließt, ihre Gesichter vor sich; sie kennt ihre Namen. Ich jedoch habe so gut wie keine Erinnerung. Ich bin Joel der Unbekannte. Ich bin Joel von irgendwoher.

Sarah Mayer-Avriels Gedanken kehren in die Gegenwart zurück, und ihr plötzlich hellwacher Blick wandert langsam über mein Gesicht. Ich spüre, wie sie Maß nimmt.

»Der Name des Kindes war Joel«, sagt sie. »Was besagt das schon? Ihr Name ist Joel. Was besagt das schon? Vielleicht waren Sie's, vielleicht waren Sie es nicht.«

Ich schweige. Ich halte der Musterung stand und warte auf das Urteil.

»Wenn ich Sie so ansehe«, sagt sie, »möchte ich eher sagen: Sie waren's nicht. Haben Sie übrigens heute schon mal einen Blick in die Zeitung geworfen? Da ist schon wieder einer aus der Sowjetunion zurückgekehrt, der sagt, daß Raoul Wallenberg noch lebt ...«

3. Kapitel

Mosche Schwarz
Der Bluthund stellt sich vor

Wallenberg gab uns die Gewißheit zurück,
Menschen zu sein. Er war überall, sprach mit uns,
schenkte uns Vertrauen.

SUSAN TABOR

Er war in allen Dingen ein ausgesprochener Bürokrat.
Über jede Unterredung,
die er mit irgendeinem seiner Vorgesetzten hatte,
fertigte er sofort eine Aktennotiz an.
Er hat mich immer wieder darauf hingewiesen,
daß dies das Wichtigste wäre,
damit er jederzeit von oben gedeckt wäre.
Er selbst scheute jede eigene Verantwortung
und war sehr bemüht, für alle Maßnahmen, die er traf,
eine Deckung seiner Verantwortlichkeit
seinen Vorgesetzten gegenüber –
in diesem Fall von Müller und Kaltenbrunner –
zu erreichen.

DIETER WISLICENY
über seinen Chef Adolf Eichmann

Das Haus, in dem Mosche Schwarz wohnt, wenn er sich in New York aufhält, ist bewacht wie eine Festung. Ich muß durch die Kontrolle: wer, wohin, warum? Mosche Schwarz wird angerufen. Er bestätigt, daß er meinen Besuch erwartet, und ich darf zum Fahrstuhl.

Ich habe keine Ahnung, wer sonst noch in diesem Appartementhaus wohnt und ob hier nur einziehen darf, wer zumindest Millionär ist. Das Treppenhaus ist mit seegrünem Marmor verkleidet, und das Licht fällt festlich aus einem venezianischen Lüster. Der schwarze Fahrstuhlführer in der pfirsichfarbenen Livree weiß schon Bescheid: im vierten Stock lädt er mich aus.

Marmor und kristallene Lüster auch hier. Die Mieten müssen horrend sein. Von Mosche Schwarz weiß keiner so recht, womit er sein Geld verdient, aber sein Geschäft muß florieren.

Er eilt mir entgegen, gekleidet wie ein extravaganter Künstler: Apfelsinenfarbenes Seidenhemd mit Rüschen an den Ärmeln, Halskette mit einer echten Silberikone als Amulett, Samtjeans in changierendem Blau. Von Anfang an gibt er sich laut und burschikos und behandelt mich, als kennten wir uns von Kindesbeinen an.

Seine Wohnung – er selbst nennt sie Studio – hat Ähnlichkeit mit einer Palazzo-Kulisse. Der Sessel, in den er mich nötigt, droht mich zu verschlingen.

»Sicher«, sagt Mosche Schwarz, während er wie ein routinierter Barmann die Getränke mixt, nachdem wir über dies und jenes geplaudert haben, »einen Joel in dem Alter, wie Sie ihn suchen, hat es in den verrückten Tagen tatsächlich gegeben. Vielleicht war er auch ein paar Jährchen älter – zehn vielleicht.«

Er kommt mit den Gläsern, wirft sich ins Polster und trinkt mir zu.

»Gut?«

»Hervorragend.«

»Eigenes Rezept. Gibt's nur bei mir.« Er stellt sein Glas ab und verschränkt die Finger. Nun, da er zurückdenkt, verändert sich sein Gesicht; es wird ernst und leise. »Ich weiß gar nicht, wie und wo ich anfangen soll. Sagte ich schon, daß meine Familie nur deshalb überlebt hat, weil sie einen solchen Wallenberg-Paß bekam? Das war ...« Er bricht ab, setzt sich anders. »Nein, ich glaube, ich muß doch anders anfangen ...«

Mein Vater war Arzt: Dr. Mendel Schwarz, Gynäkologe. Die Praxis – in einer der besten Villenstraßen von Buda – hatten sie schon längst geschlossen, aber – wahrscheinlich war so etwas wie Protektion im Spiel – sie erlaubten uns, im Hause wohnen zu bleiben. Mit den Ungarn war anfangs durchaus noch zu reden gewesen. Etliche von ihnen gaben offen zu, daß sie, was uns Juden anging, von den Deutschen unter Druck gesetzt wurden. Das Benehmen der Ungarn wurde schlagartig anders, als die Deutschen das Land besetzten: da waren sie auf einmal alle Antisemiten.

Doch ich will nicht vorgreifen und nur so viel noch einfügen, daß mein Vater gleich zu Anfang einen vergeblichen Versuch unternahm, einen schwedischen Schutzpaß zu bekommen. Da er nie etwas mit Schweden zu tun gehabt hatte und dort auch keine Verwandten besaß und überdies zu ehrlich war, sich ein Anrecht aus den Fingern zu saugen, sah man sich in der Gesandtschaft nicht in der Lage, ihm zu helfen.

Wir wohnten also weiter in Buda, und eines Nachts wurde bei uns eingebrochen. Vater hörte die Geräusche, doch als er am Tatort erschien, war die Speisekammer bereits aufgebrochen und geplündert, und die Täter waren auf und davon – bis auf einen. Dieser hatte sich beim Sprung aus dem Fenster mit dem Fuß in den Gardinenschnüren verfangen und hing nun ein halbes Stockwerk tiefer kopfüber an der Mauer.

Vater wies mich an, eine Leiter zu holen, und nachdem wir

alle Vorbereitungen getroffen hatten, schnitten wir den Missetäter los, der ohne Besinnung war.
Vater stellte allerlei medizinische Kunststücke mit ihm an, bis er die Augen aufschlug. Wie soll ich ihn beschreiben? Ich habe nie einen Jungen von vergleichbarer Wildheit und gleichem Trotz gesehen. Er war nicht älter als höchstens zehn, ein flachsblonder, dreckstarrender Knirps, der uns anfauchte wie ein gefangenes Löwenjunge. Vater versuchte, mit ihm zu reden, um etwas über seine Verhältnisse in Erfahrung zu bringen, aber der Knirps verweigerte jede Auskunft, nicht einmal seinen Namen wollte er nennen. Erst als Vater ihn fragte, ob er Hunger hätte, taute er ein wenig auf. Mutter machte etwas für ihn zurecht, und er langte zu.
Die Eltern berieten sich flüsternd. Sie hielten den Jungen für einen der Flüchtlinge aus Galizien, wo die SS bereits seit langem wütete. Eine ganze Weile hatten die Ungarn diesen Leuten, wenn sie den Weg über die Grenze fanden, stillschweigend Asyl gewährt, aber inzwischen waren sie rigoros geworden und schoben alle ausländischen Juden sofort wieder ab. Was tun? Man hatte es mit einem Einbruch zu tun. Das Nächstliegende wäre, den Jungen der Polizei zu übergeben, doch ebensogut konnte man ihn gleich erschlagen.
»Uns bleibt nichts anderes übrig, als ihn laufenzulassen«, entschied Vater, »auch auf die Gefahr hin, daß er vielleicht schon in der nächsten Nacht erneut einen Einbruch verübt oder einen Raub oder gar einen Mord. Aber mit dazu beizutragen, daß man ihn den Deutschen überstellt, lehne ich ab.«
Und so geschah es. Vater ließ den Knirps, als dieser sich vollgeschlungen hatte, laufen, und erst nachdem er hinter ihm die Tür verschlossen hatte, vermißte er seine goldene Uhr.
»So ein Miststück!« sagte er aufgebracht. »Das hat man nun davon, daß man sich wie ein Mensch benimmt! Den Hintern sollte man diesem galizischen Strolch versohlen.«

Seine Erbitterung freilich hielt nicht lange vor, denn weil er als ein guter Arzt auch ein guter Psychologe war, fiel es ihm nicht schwer, sich in die Haut des Jungen hineinzuversetzen, der vermutlich zu den eltern- und heimatlos gewordenen Scharen gehörte, die der Krieg an das Ufer der Donau gespült hatte. Diesen jugendlichen Desperados gegenüber waren die Gendarmen ohne Erbarmen: eine Haltung, die in gewisser Weise uns anderen Juden zugute kam. Unter dem Motto »kleine Geschenke erhalten die Freundschaft« lieferte das Horthy-Regime den Deutschen nichtungarische Juden aus – wie man munkelte, in der Hoffnung, auf diese Weise die ungarischen Juden, die eigenen, vor dem Schlimmsten zu bewahren.
Am 19. März 1944 machten die Deutschen Horthy klar, was sie von diesen kleinen Geschenken hielten: Sie besetzten Ungarn. Und damit war auch für uns das goldene Zeitalter in Buda vorbei, und wir mußten alles stehen und liegen lassen und uns nach Pest ins Ghetto neben der Synagoge begeben, auf dem anderen Donauufer.
Man gab uns eine Viertelstunde Zeit, um ein paar Sachen zusammenzukramen. Pfeilkreuzler überwachten die Umsiedlung. Seitdem die Deutschen im Lande waren und ihnen den Rücken stärkten, nahmen sie sich Rechte heraus, die eigentlich der Polizei und den Gendarmen zustanden. Vater nannte sie eine perfide deutsche Hilfstruppe, und treffender vermag auch ich mich nicht auszudrücken.
Wir durften nur mitnehmen, was wir am Leibe trugen und ein paar Sachen zum Wechseln. Alles andere – Garderobe, Mobiliar, der Flügel, all die kostbaren Bilder und unersetzlichen Antiquitäten – galten als beschlagnahmt und hatten zurückzubleiben. Vater verlangte nach einer Quittung. Hätte er das nur nicht getan! Er erreichte damit lediglich, daß ihn die Pfeilkreuzler einen »neunmalklugen Judenbengel« schimpften und ohrfeigten.
Der Himmel weiß, für wen diese Erfahrung demütigender war: für meinen Vater, der in der besten Budapester

Gesellschaft verkehrt hatte und nun vor den Augen von Frau und Kind aller Würde beraubt wurde, oder für mich mit meinen sechzehn Jahren, der ich spürte, wie in mir etwas kaputtging, was auch später nie wieder heil werden sollte. Ich glaube, wenn diese Barbaren mich geohrfeigt hätten, wäre das weniger schlimm gewesen. Als halbwüchsiger Bursche kann man einiges einstecken.

Als die Pfeilkreuzler von Vater abließen, hatte er aufgesprungene Lippen, und aus seiner Nase rann ein feiner Blutsfaden. Er war totenbleich. Mit einer Beherrschung, die ich nicht begriff, sagte er: »Mosche, hilf der Mutter, ein paar Sachen zusammenzupacken. Wir wollen tun, was die Herren sagen.«

Ich schließe nicht aus, daß er sich und uns mit diesem Akt der Selbstüberwindung das Leben gerettet hat, denn – die Erfahrung stand noch aus, doch später machten wir sie oft genug – die Pfeilkreuzler nahmen jeden Anlaß wahr, um sich auf Kosten der Juden vor den Deutschen hervorzutun. Und dazu gehörte es auch, gelegentlich ein paar Juden zu erschlagen.

In jenem Teil der Altstadt, den man – wohl, weil sich darin die Synagoge befand – zum Ghetto bestimmt hatte, wurden wir in der dritten Etage eines vierstöckigen, noch aus dem vorigen Jahrhundert stammenden Hauses mit primitiven sanitären Einrichtungen eingewiesen. Zusammen mit vier anderen Familien, insgesamt achtzehn Personen, bezogen wir eine feuchte und dunkle Dreizimmerwohnung ohne Bad. Es gab keine Betten, keine Schränke, kaum Mobiliar. Wir schliefen auf dem Fußboden.

Für jemanden, der in einem kultivierten Haus aufgewachsen ist wie ich, war das die reinste Hölle – aber als junger Mensch ist man immer geneigt, sein persönliches Leiden in den Mittelpunkt der Welt zu stellen. Meine Mutter, die vor kurzem noch zu den elegantesten Damen von Budapest gehört hatte, beklagte sich am wenigsten von uns allen. Sie tat, was in ihrer Macht lag, um uns nicht vergessen zu lassen, daß es außer Enge, Schmutz und

Geschrei noch etwas anderes gab, auf das man den Anspruch nicht fallen lassen durfte. Sogar dann, als man im Ghetto das Wasser abdrehte und die Verhältnisse völlig katastrophal wurden, verlor sie nichts von ihrer Haltung und widerlegte damit die These von der Nutzlosigkeit von Bildung, Kultur und guter Erziehung. Während die primitiveren Menschen rings um uns her auf jenen viehischen Stand herabsanken, auf dem die nazistischen Propagandisten uns Juden am liebsten fotografierten, wahrte sie mit ihren schwachen Kräften einen untilgbaren Rest von Würde, Anstand und kultivierter Menschlichkeit und wachte sittenstreng über den Umgang meiner dreizehnjährigen Schwester Neschka und des kleinen Melech.

Ein paar Stunden nach unserer Umsiedlung – oder war es am anderen Tag? – wurde mein Vater als Mitglied des Judenrats in das Hotel Majestetic beordert, in dem Adolf Eichmann mit dem Gros seiner SS-Meute und mit seiner eleganten Geliebten Quartier bezogen hatte. Dem SS-Obersturmbannführer, der den deutschen Truppen auf dem Fuß gefolgt war, ging ein grausamer Ruf voraus. Seine Entsendung nach Budapest konnte nur Schlimmes bedeuten.

Von der Besprechung im Hotel Majestetic kehrte Vater völlig erschlagen zurück. Nie zuvor hatte ich ihn in einem solchen Zustand erlebt. Es dauerte geraume Zeit, bis er sich so weit erholt hatte, daß er uns das Vorgefallene schildern konnte.

»Er ist auf mich zugekommen«, erzählte er mit hohler, zitternder Stimme, die immer wieder aussetzte, »wohl, weil er der Meinung war, in mir ein besonders prominentes Mitglied des Judenrats vor sich zu haben, hat sich vor mir aufgebaut in seiner maßgeschneiderten schwarzen Uniform mit dem Totenkopf und mit seinen schwarzen Stiefeln, hat mich fixiert und gesagt: ›Sie wissen nicht, wer ich bin? Ich bin ein Bluthund!‹« Zum ersten Mal hörte ich meinen Vater schluchzen. Es muß ein grauen-

haftes Erlebnis gewesen sein: dem Mann gegenüberzustehen, der unsere Vernichtung plante. »›Ein Bluthund!‹«
Mutter brachte ein Glas Wasser. Vater trank und wurde ruhiger. Nach einer Weile fuhr er fort: »Er hat etwas von einem subalternen Angestellten an sich – und zugleich auch etwas von einem billigen Parvenue. Er hat harte, scharfe, stahlblaue Augen, unter denen man das Frösteln bekommt, und wenn er spricht, dann spuckt er seine Worte in abgehackten Salven heraus wie ein Maschinengewehr.«
Mein Vater machte weder sich noch uns etwas vor. Zeitlebens war er für klare Verhältnisse gewesen. Seiner Ansicht nach würde sich Eichmann zunächst die Provinzen vornehmen und das Ghetto von Budapest noch eine Weile anschwellen lassen wie eine Eiterbeule. Erst dann, wenn das Geschwür reif sei, würde er, in einer überraschenden Operation, das Skalpell ansetzen. In ein paar Tagen – Proteste der Neutralen hin, Proteste der Neutralen her – würde alles vorbei sein, und die Welt würde vor vollendeten Tatsachen stehen – sprich: vor einem judenfreien Ungarn.
Die Voraussage bewahrheitete sich. Während in Budapest nur dann und wann ein Jude verhaftet wurde, klangen die Nachrichten aus den Provinzen von Mal zu Mal alarmierender. Die Juden wurden in Scharen zusammengetrieben, in Viehwaggons gesteckt und deportiert. Als Bestimmungsort aller Züge wurde ein kleiner Ort im besetzten Polen genannt: Auschwitz.
Vater stellte eine nüchterne Rechnung an: »Wenn Auschwitz, wie behauptet, ein Arbeitslager ist – wie groß muß es dann sein, um ein paar Millionen Juden aufzunehmen? Und wer, frage ich, soll all diese Millionen verköstigen, da man im Reich bereits jetzt nichts zu beißen hat?« Über diese Fragestellung ging er mit seinen Befürchtungen nie hinaus – vielleicht, weil es ihm unmöglich war, die ganze Wahrheit zu glauben.
Der Sommer kam – und mit ihm die Landung der Alliier-

ten in der Normandie. Im Ghetto wurde, als die Hitze einsetzte, das Leben von Tag zu Tag unerträglicher: einmal, weil immer mehr Leute dort eingewiesen wurden, und zum anderen, weil die Wasserversorgung ausfiel und deshalb auch die sanitären Einrichtungen nicht mehr funktionierten, so daß alsbald über dem gesamten Viertel ein schier unerträglicher Gestank lag.

Mitte Juli hörte ich erstmals von Raoul Wallenberg. Mit diesem Namen verband sich das Gerücht, daß die Schweden ihre Schutzpaßpolitik geändert hatten: offenbar unter dem Eindruck der Ereignisse in den Provinzen. Über den Judenrat erlangte mein Vater schließlich Gewißheit.

Raoul Wallenberg, erklärte er uns, sei im Auftrag des amerikanischen Präsidenten zum Schutz der Juden nach Budapest gekommen. Neue Schutzpässe, die seine Unterschrift trügen, würden bereits großzügig ausgegeben. Diese Papiere bescheinigten dem Inhaber sowohl in deutscher als auch in ungarischer Sprache, daß er unter dem Schutz des skandinavischen Königreiches stünde und in einen Kollektivpaß eingetragen sei, womit sich die Berechtigung verbände, nach Schweden einzureisen und sich dort niederzulassen.

»Dieser Wallenberg«, berichtete Vater nach einer neuerlichen Zusammenkunft des Judenrats, »soll das Papier selbst entworfen haben. Doch weil es das schwedische Wappen trägt, hat es durchaus amtlichen Charakter und wird von den deutschen und ungarischen Behörden zumindest toleriert. Fast alle Juden, die einen solchen Wallenberg-Paß vorweisen konnten, sind bisher von der Deportation verschont geblieben. Und solche, die trotzdem mit auf den Transport kamen, sind zum Teil von den Deutschen aufgrund schwedischer Interventionen wieder freigegeben worden.«

Wir kamen überein, noch einmal einen Antrag auf einen schwedischen Schutzpaß zu stellen, diesmal in der von Raoul Wallenberg geleiteten Gesandtschaftsabteilung C in der Tatrastraße.

Als wir aufbrechen wollten, vermißte Vater meinen Judenstern, den ich, weil ich mich seiner schämte, von meiner Jacke entfernt hatte. Es kam zu einem Auftritt. Einen Atemzug lang fürchtete ich, er würde mich schlagen, was er noch nie getan hatte, so sehr war er außer sich. Er packte mich, schüttelte mich und ließ seinem Zorn freien Lauf.

»Was geht nur in deinem Kopf vor, Mosche? Du bist ein Jude, siehst aus wie ein Jude und stinkst wie jemand, der aus dem Ghetto kommt. Weißt du, was es heutzutage bedeutet, als Jude ohne Stern aufgegriffen zu werden? Das bedeutet, daß niemand dir mehr helfen kann.«

So war es. Er hatte recht. Ich unterwarf mich, kramte den verhaßten Stern wieder hervor, und meine Mutter holte Nadel und Faden.

Der Zorn meines Vaters war mehr als berechtigt. Es war die Zeit, in der die Pfeilkreuzler es als Sport und Zeitvertreib empfanden, Juden, die sich der Registrierung entzogen hatten, aufzuspüren und zu bestrafen: meist, indem sie sie an Ort und Stelle erschossen oder aufhängten. Mit meiner Eigenmächtigkeit hätte ich leicht die ganze Familie in Gefahr bringen können – und das ausgerechnet zu einem Zeitpunkt, an dem sich über dem düsteren Horizont ein Silberstreif abzeichnete. Spätestens in der Tatraštraße, in der es von Spitzeln wimmelte, wäre es so weit gewesen, daß man mich unter Berufung auf geltendes Recht aufgegriffen hätte. Nicht einmal Mutter, die mich sonst stets leidenschaftlich verteidigte, ergriff in dieser Angelegenheit meine Partei. Sie nähte den gelben Stern wieder an, warf mir die Jacke zu und sagte: »Zieh das an und halt uns nicht auf.«

Über der Abteilung C, vor einem tiefblauen Himmel, wehte die schwedische Flagge. Allein sie zu sehen war wie eine Verheißung. Dort, wo ihr Recht galt, war die Macht der SS-Männer und der Pfeilkreuzler zu Ende. Vor der Schwelle mußten sie umkehren. In gewisser Weise war das unfaßbar.

Die Schlange der Antragsteller reichte weit auf die Straße hinaus. Bevor wir uns ihr anschließen konnten, kam es zu einem Zwischenfall.

»Augenblick!« Vater blieb plötzlich stehen, und als auch ich mich umwandte, sah ich die Dame, die uns folgte: offenbar mit der gleichen Absicht wie wir. Was eine Dame ausmacht, ist schwer zu beschreiben. Es hat etwas mit Kultur zu tun – und wenn eine Frau es hat, dann verliert sie es auch dann nicht, wenn sie aus dem Ghetto kommt und in armseligen Kleidern geht. Meine Mutter war eine Dame – ebenso, wie mein Vater ein Herr war. Und diese Frau im viel zu heißen schwarzen Kleide, die uns folgte, war gleichfalls eine Dame: eine Dame von vielleicht vierzig Jahren.

»Verschwinde!« Vater trat einen Schritt vor und hob drohend eine Faust, und nun entdeckte ich den blonden Knirps, der sich in eben diesem Augenblick anschickte, nach der Handtasche der Dame zu greifen. Ich erkannte ihn auf Anhieb. Er sah noch immer gleich wild, gleich trotzig, gleich verwahrlost aus. Die Geste meines Vaters bewirkte, daß er die fast schon errungene Beute fahren ließ und fauchend zurückwich.

Die fremde Dame warf meinem Vater einen kühlen Blick zu. Offenbar hatte sie den Jungen, der ihr nachschlich, bislang nicht beachtet. »Ja, bitte?«

»Dr. Mendel Schwarz, meine Gnädigste.« Mein Vater verneigte sich. »Es ist mir eine Ehre, Ihnen behilflich gewesen zu sein. Freilich, falls ich Ihnen raten darf – Sie täten gut daran, mehr auf Ihre Handtasche zu achten. Es gibt leider Elemente, die sich dafür interessieren.«

»So?« Die Dame sah sich um. Der blonde Knirps hatte sich verdrückt – wahrscheinlich in den nächsten Hauseingang. »Nun, wie dem auch sei – verbindlichen Dank.« Es hörte sich nach einer frostig höflichen Zurechtweisung an und war wohl auch so gemeint. Die Dame ließ durchblikken, daß sie meinen Vater für einen dieser überall vorkommenden Wichtigtuer hielt.

Vater ließ die Angelegenheit auf sich beruhen – gewiß, weil sie ihm wenig bedeutsam erschien –, und wir nahmen unsere Plätze ein. Das Warten unter der glühenden Julisonne begann. Schritt für Schritt rückten wir vor, dem Eingang entgegen, neben dem ein Emailleschild mit dem schwedischen Staatswappen prangte, und irgendwann am Nachmittag waren wir hindurch, wanden uns, erneut Schritt für Schritt, durch die Korridore, bis die Reihe endlich an uns war.

Ich weiß nicht so recht, wie ich mir die Abteilung C damals vorgestellt hatte: vielleicht ein wenig wie das gelobte Land. Die Wirklichkeit war wesentlich nüchterner. Ein Büro sieht letztlich immer aus wie ein Büro. Ein paar Schreibmaschinen klapperten. Im Hintergrund war ein nicht sehr großer blasser Mann mit schütterem dunklem Haar in ein Telefongespräch vertieft, wobei er sich Notizen machte. Eine junge Frau nahm aus Vaters Hand gelassen unsere Papiere entgegen, überflog sie und blickte auf.

»Mendel Schwarz. Sie sind der Familienvorstand?«

»Ja. Dr. Mendel Schwarz.«

»Doktor. Entschuldigen Sie. Das ging aus diesem Papier nicht hervor.«

Die junge Gesandtschaftsangestellte schob ein Formblatt in ihre Schreibmaschine und begann zu schreiben. Vater mußte ihr Datum und Ort seiner Geburt nennen als auch den aktuellen Wohnort. Jedesmal, wenn er verstummte, klapperte die Schreibmaschine und füllte die leeren Felder des Formblattes mit schwarzen Buchstaben aus.

»Dann fehlt nur noch eins, Herr Dr. Schwarz, um Ihren Antrag rechtsverbindlich zu begründen... Haben Sie Verwandte in Schweden, oder unterhalten Sie zu Schweden geschäftliche Beziehungen?«

Mein Vater zögerte. Man sah, wie unendlich peinlich ihm das Ganze war. An dieser Frage war er schon einmal gescheitert. Er war ein ehrlicher Mensch mit soliden Grundsätzen. Es widerstrebte ihm, etwas zu erfinden,

eine Beziehung zu behaupten, die in keiner Weise bestand. Er muß wohl gehofft haben, bei diesem Anlauf unter wohlwollenderen Vorzeichen von der Beantwortung einer solchen Frage entbunden zu sein. Die Leute hinter uns begannen unruhig zu werden.
Die junge Frau kam Vater zu Hilfe. »Es ist mehr oder minder eine bloße Formalität«, sagte sie, »aber wir können aus Rücksicht auf internationales Recht nicht darauf verzichten. Sie sind Arzt. Irgend etwas wird Ihnen schon einfallen.«
Vater schwitzte. Die Lüge wollte ihm nicht über die Lippen. Der Eindruck, den er erweckte, war der, daß er im Begriff stand, mit einem Wort der Entschuldigung seinen Antrag zurückzuziehen, um die hinter ihm Anstehenden nicht länger warten zu lassen.
Die junge Dame blickte lächelnd zu ihm hoch. »Auch ein entfernter Verwandter würde uns schon weiterhelfen. Überlegen Sie doch.«
Vater seufzte und streckte die Hand aus, um die Papiere wieder an sich zu nehmen. In diesem Augenblick legte der blasse Mann im Hintergrund den Telefonhörer auf, erhob sich und kam heran. Er beugte sich über die Schreibmaschine, warf einen Blick auf die bereits getroffenen Eintragungen und sah hoch.
»Schwarz«, sagte er. »Ich kenne einen Abraham Schwarz in Stockholm, einen Herrn von vielleicht achtzig Jahren. Ich habe ihn stets für Ihren Onkel gehalten.«
Die junge Dame wirkte erleichtert; sie wiederholte: »Abraham Schwarz, Stockholm, Onkel«, und ließ erneut die Schreibmaschine rattern. Dann zog sie das Formblatt heraus, heftete eines der Paßfotos ein, die Vater vorsorglich mitgebracht hatte, versah das Formular mit einem Stempel und wandte sich schließlich noch einmal an den blassen Mann mit dem schütteren Haar: »Ach, Herr Wallenberg, wenn Sie auch diesen Paß gleich mit unterschreiben ...«
Ich höre diesen Satz noch heute, wenn ich in meine

Vergangenheit hineinhorche. Und ich sehe die Hand des blassen jungen Mannes schreibend über das Papier eilen, um uns, die ihm nie im Leben begegnet sind, die ihm nie etwas bedeutet haben, mit seiner Unterschrift das Leben zu retten.

Mosche Schwarz bricht ab und lenkt meine Aufmerksamkeit auf eine gerahmte Fotografie, die auf seinem Rokoko-Schreibtisch steht. Ich blicke auf das Profil eines jungen Mannes, der eine schwedische Feldmütze trägt.
»Das ist er«, sagt Mosche Schwarz, »Raoul Wallenberg. Sein Bild hilft mir, nicht allzu übermütig zu werden. Es erinnert mich daran, daß all das« – er läßt die Hand durch den Palazzo kreisen – »nur eine Leihgabe ist: inclusive Leben. Aber wem erzähle ich das, mein Freund? Sie selbst sind ja einer von denen, die ihm alles verdanken. Ohne ihn wären Sie jetzt Rauch.« Mosche Schwarz leert sein Glas. »Mir scheint, ich schweife ab. Wo war ich stehengeblieben? Ach ja ...«

Wallenberg unterschrieb, und wir waren im Besitz eines der vielbegehrten schwedischen Schutzpässe. Das einseitig bedruckte Papier trug in der Mitte die drei Kronen des schwedischen Staatswappens und im rechten unteren Feld zusätzlich zur Unterschrift den Stempel der Königlich-Schwedischen Gesandtschaft.
Während mein Vater das kostbare Papier sorgfältig faltete, bewegte er stumm die Lippen. Er war kein besonders religiöser Mensch und betete niemals in der Öffentlichkeit; diesmal jedoch ließ er seiner Empfindung freien Lauf. Er verwahrte das Papier in seiner Brusttasche und legte als Zeichen des Aufbruchs einen Arm um meine Mutter. Gleich darauf zog er die Brauen hoch und blieb, halb schon dem Ausgang zugewendet, stehen.
Die fremde Dame war, nachdem sie an seine Stelle getreten

war, damit beschäftigt, ihre Personalien zu nennen, und dabei fiel ihr die junge Schwedin, die hinter der Schreibmaschine saß, plötzlich mit der Frage ins Wort: »Entschuldigen Sie, Madame, gehört das Kind zu Ihnen?«
Die Dame verstummte und blickte fragend.
»Wie bitte?«
»Ich fragte nur«, wiederholte die Schwedin, »ob der Junge Ihr Sohn ist. Falls ja, müßte ich ein anderes Formular nehmen – für einen Familienpaß.«
»Ich verstehe nicht.«
Der Blick der schwarzgekleideten Dame, ihr Gesicht, ihre Haltung –: alles zeugte von totaler Verwirrung. Langsam, wie unter Zwang, wandte sich die Dame um.
Der blonde Knirps hatte es tatsächlich fertiggebracht, sich erneut und ohne aufgehalten zu werden, bis zu ihr vorzuarbeiten. Unklar blieb es, weshalb er so hartnäckig auf diese eine bestimmte Handtasche erpicht war und sich, nachdem er einmal schon gestört worden war, nicht einfach einem anderen, weniger schwierigen Opfer zuwandte. Es mag sein, daß ihm der Inhalt der Handtasche bekannt war; es mag auch sein, daß seiner Hartnäckigkeit so etwas wie der Sportsgeist der Ganoven zugrunde lag. Auf jeden Fall war es ihm gelungen, sich durchzuschlängeln bis in das Büro, und nun stand er, als hätte alles seine Ordnung, gleich hinter der Dame. Auch diesmal war ihm das Glück abhold. Die Dame, auf ihn aufmerksam gemacht, wandte sich um, und unter ihrem Blick nahm sein Gesicht wieder jenen Ausdruck von Wildheit an, den ich bereits kannte.
Allen, die diese Szene beobachteten, war es klar, daß die schwarze Dame den blonden Knirps zum ersten Mal in ihrem Leben mit Bewußtsein wahrnahm. Man sah das Befremden in ihren Augen und den unwilligen Protest, zu dem sich ihr Mund verzog. Die junge Schwedin hatte sie in eine peinliche Situation gebracht, hatte sie in aller Öffentlichkeit auf eine Stufe gestellt mit diesem ungebärdigen, dreckstrotzenden Strolch, mit diesem unmöglichen Gas-

senjungen. Es fehlte nur noch, daß die Dame die Nase rümpfte.
Die junge Schwedin hatte für das, was sich vor ihren Augen zutrug, kein Gespür. Sie drängelte: »Madame, Sie müssen doch wissen...«
Die Dame in Schwarz seufzte. Ihr Gesicht nahm plötzlich einen entschlossenen Ausdruck an. Sie warf den Kopf in den Nacken und straffte sich. Und dann überrumpelte sie uns alle.
»Ja, ja«, erwiderte sie mit jenem Hauch von Ungeduld in der Stimme, der sich bemerkbar macht, wenn man sich genötigt sieht, etwas zu bestätigen, was längst augenfällig ist, »es hat schon seine Richtigkeit.«
Die junge Schwedin zog das Formblatt aus der Schreibmaschine und ersetzte es durch ein anderes.
»Und wie, Madame«, fragte sie danach, »ist sein Name?«
In der Regel sind es die Kleinigkeiten, an denen man scheitert.
Uns allen, die wir das Intermezzo beobachteten, war es klar, daß spätestens an diesem Punkt das Eingeständnis der Dame zu erwarten wäre, sich geirrt zu haben. Wer hätte dafür nicht Verständnis gezeigt? Ja, man wäre sogar so weit gegangen, ihre an den Tag gelegte gute Absicht zu loben, einem ihr völlig unbekannten kleinen Herumtreiber zu einem Schutzpaß zu verhelfen. Es war ein guter Moment, um, ohne sich etwas dabei zu vergeben, mit einem um Nachsicht heischenden Lächeln aufzustecken.
Die Dame überrumpelte uns ein zweites Mal: diesmal, indem sie sich, ohne mit der Wimper zu zucken, zu dem kleinem Herumtreiber niederbeugte und mit ihm ein paar geflüsterte Worte tauschte. Ich wollte etwas bemerken, aber Vater bedeutete mir zu schweigen.
Die Dame richtete sich wieder auf und wandte sich, als wäre, was sie soeben getan hatte, eine völlig alltägliche und durch und durch normale Handlung, mit gelassener Miene wieder an die junge Schwedin.
»Sein Name ist Joel.«

Die junge Schwedin mochte inzwischen erkannt haben, daß mit dieser Mutter-Sohn-Beziehung etwas nicht stimmte. Sie zögerte. In ihrer Hilflosigkeit konnte sie einem fast leid tun. Raoul Wallenberg, der sich bisher nicht eingemischt hatte, kam ihr an diesem Punkt zu Hilfe.
»Joel«, sagte er mit seiner sanften Stimme. »Ich buchstabiere: J – o – e – l.«
Vater setzte sich in Bewegung, und während ich hinter meiner Familie her eilte, vernahm ich das neuerliche Klappern der Schreibmaschine.
Aus irgendeinem Grunde wurde über den Vorfall, während wir heimgingen, nicht gesprochen, und später ging die Erinnerung daran unter im Strudel der Ereignisse.
Vor dem Ghetto kontrollierten Pfeilkreuzler die Ausweise. Ein neuer Transport wurde zusammengestellt. Wer mit seinen Papieren vor den Augen der Prüfer keine Gnade fand, wurde sofort zu den Lastwagen gewunken. Mit Vaters Schutzpaß wußte der Ungar zunächst nichts anzufangen. Er nahm ihn an sich und beriet sich mit seinem Vorgesetzten. Mit mürrischem Gesicht kehrte er zurück und gab Vater das wertvolle Dokument wieder. »In Ordnung«, sagte er.

Mosche Schwarz mixt uns einen neuen Cocktail: nach einem anderen Rezept. Er ist in seine Tätigkeit vertieft wie in eine kultische Handlung. Dabei hat er mich nicht einmal gefragt, ob ich noch einen Drink möchte. Er setzt ganz einfach voraus, daß es so ist. Mir läßt das Zeit, meine Gedanken zu ordnen. Und irgendwann bemerke ich dabei, daß mein Blick auf dem gerahmten Foto ruht, das auf dem Schreibtisch steht. Das Gesicht eines Mannes, der gern Bücher liest. *Sarah Mayer-Avriel hat recht. Helden sehen anders aus. Wie, weiß ich nicht, aber auf jeden Fall so, daß man sie auf Anhieb als solche erkennt. Auch einem Fußballstar sieht man schließlich an, daß er ein*

Fußballstar ist. Eins allerdings irritiert mich: die Gelassenheit, die über diesem Gesicht liegt.
Mosche Schwarz kommt heran, drückt mir ein frisch gefülltes Glas in die Hand und sagt: »Also, wenn Raoul Wallenberg nicht gewesen wäre...« Danach will er wissen, ob er mir einen brauchbaren Anhaltspunkt geliefert hat. Wenn ja, sollte ihn das freuen.
Ich halte mich nicht mehr lange auf. Ich trinke mein Glas aus, bedanke mich herzlich und verabschiede mich. Mosche Schwarz reicht mir den Hut. Ich setze ihn auf und werfe einen Blick in den Spiegel. Mein dunkles Haar beginnt grau zu werden. Blond war es nie.

4. Kapitel

Miklos Goldstern
Die Häuser in der Phönixstraße

Er war sehr unkonventionell,
was uns anfangs natürlich schockierte.
Wallenberg war absolut kein Mensch,
der sich um die üblichen diplomatischen
Gepflogenheiten und Regeln scherte.
Er hatte großes Organisationstalent.

PER ANGER

Die Lösung der Judenfrage ist heute eine Frage
der europäischen Sicherheit.
Verantwortliche Männer der ungarischen Regierung
haben dies erkannt und bisher
die notwendigen Folgerungen gezogen.
Es ist anzunehmen, daß auch in der Frage
der Budapester Juden die erforderlichen Schritte
unternommen werden.

JOSEF GOEBBELS

Als der Jumbo in Wien aufsetzt, hat er wegen einer Bombendrohung zwei Stunden Verspätung. Es regnet. In den Rinnsteinen schäumt und gurgelt das Wasser. Der Taxifahrer kann mit der Adresse, die ich ihm nenne, nichts anfangen. Murrend schlägt er im Stadtplan nach. Vom Wiener Charme entwickelt er keine Spur.

Ich lehne mich im Polster zurück, lasse die verregneten Bilder an mir vorübertreiben und denke an Budapest – an das Budapest der zweiten Hälfte des Jahres 1944. Seltsam: Immer wieder fallen mir die schwarzen Stiefel ein vor dem Hintergrund von Lärm, Schreien und Schießen. Alles andere – das bärtige Gesicht, die sanfte Stimme – zerfällt zu Staub, verweht unter den schwarzen Stiefeln, bevor ich es greifen kann, wie ein Rauch.

Das Taxi hält. Der Fahrer hat das Fenster heruntergekurbelt und leuchtet mit einer Stablampe ein regennasses Emailleschild an. Das Alters- und Pflegeheim ist eine amerikanische Stiftung und wird vom Wiener Judenrat verwaltet: eine jüdische Endstation am Rande der Stadt, an der Peripherie des Lebens.

Drinnen dämpfe ich die Schritte. Dennoch gelingt es mir nicht, so geräuschlos durch die halbdunklen Korridore zu schweben, wie es die mich eskortierende Schwester tut. Sie ist der Vorwurf in Person.

»Er hat Sie früher erwartet. Jetzt ist er müde.«

»Mein Flugzeug kam mit Verspätung.«

»Sie hätten anrufen sollen.«

»Wie? Aus der Luft?«

»Er ist sehr krank, Sie dürfen ihn nicht aufregen. Wieso überhaupt er?«

»Weil er vielleicht etwas weiß. In seinem Brief jedenfalls hat er das angedeutet.«

»Ach Gott, diese alten Geschichten!«

Miklos Goldstern liegt in einem Vierbettzimmer. Die drei anderen – alte Männer – sind auf den Beinen und erwidern meinen Gruß mit einer Mischung von vorsichtiger Zurückhaltung und brennender Wißbegier. Ich halte eine kraftlose Hand, die nur noch aus Haut und Knochen besteht, und blicke in ein eingefallenes Gesicht mit trüben Augen.

»Joel?«

»Joel«, bestätige ich, »ja.« Dann breite ich meine Mitbringsel aus – aber er raucht nicht, sagt er, und Alkohol ist ihm gleichfalls verboten. Aber die anderen, sagt er, werden sich freuen. Ich stelle die Sachen auf den Tisch: zur gefälligen Bedienung.

Dann sitze ich auf dem harten, unbequemen Stuhl und warte darauf, daß er sich sammelt.

»Da war so ein Joel«, sagt er schließlich, »genau in dem Alter, in dem Sie damals gewesen sein mögen, fünf oder sechs oder sieben. Wallenberg hatte ihn gekauft...«

Raoul Wallenberg hatte seinen festen Fahrer: Vilmos Langfelder, den Ingenieur. An diesem Tag jedoch, im August, war Langfelder aus irgendeinem Grund nicht greifbar, und Wallenberg, der aufbrechen wollte, hielt Ausschau nach einem geeigneten Ersatz. Ich war in der Tatrastraße gerade mit der Wartung der Schreibmaschinen beschäftigt – damals war ich einundzwanzig und wollte Maschinenbauer werden –, als er zur Tür hereinkam und mich fragte, ob ich ihm einen zuverlässigen Mann für seinen Studebaker empfehlen könnte. Ich antwortete: empfehlen könnte ich einzig und allein mich selbst. Ich war kein schlechter Fahrer und hatte sogar ein paar Monate als Aushilfsfahrer für eine Brotfabrik der Armee gearbeitet. Wallenberg gab mir den Schlüssel des Wagens und sagte, ich sollte mich bereithalten.

Der Studebaker mit der Diplomatennummer und dem Schwedenwimpel auf dem Kotflügel stand vor der Garage. Ich holte ihn heraus und fuhr vor. Als Wallenberg schließlich erschien, ließ ich den Motor wieder an, stieg aus, ging

um den großen Wagen herum und öffnete den rechten hinteren Schlag. Ich tat es wie ein gelernter Chauffeur. Rasch hintereinander fielen zwei Schüsse. Wallenberg duckte sich und zwängte sich in den Wagen. Ich warf mich hinter das Steuer, und der Studebaker raste los. Eine Kugel schlug mit viel Getöse in die Karosserie.
Wallenberg war unverletzt. Er atmete schwer, schüttelte den Kopf, wie um einen Alptraum abzuschütteln, und sagte: »Ich nehme an, das war ein Versuch, mir Angst zu machen, und als solcher war er ein voller Erfolg. Am liebsten würden sie mich umbringen.«
Auf einen Wink von ihm überzeugte ich mich, daß wir nicht verfolgt wurden, und hielt an. Er stieg aus, besah sich den Schaden – getroffen war nur das Blech – und kehrte achselzuckend auf seinen Platz zurück.
Ob er einen bestimmten Verdacht hätte, erkundigte ich mich. O doch, erwiderte er, den hätte er in der Tat, nur täte man gut daran, ihn nicht gar zu laut werden zu lassen, solange es an Beweisen fehlte, um sich nicht selbst in eine diplomatische Sackgasse zu manövrieren. Gescheiter wäre es, den Schein zu wahren. Auf diese Weise machte man ihnen am meisten zu schaffen.
Mit der Zeit gewöhnte ich mich daran, daß er Eichmann, die SS, die Gestapo und den SD gern unter dem Sammelbegriff SIE zusammenfaßte.
Wallenberg sah auf die Uhr und bat mich, ihn zum Café Opera zu fahren. Dort blieb er nicht lange. Als er wieder herauskam, war er in Begleitung eines Offiziers der Pfeilkreuzler. Dieser bestieg seinen Wagen, und Wallenberg setzte sich wieder in seinen Studebaker und wies mich an, dem schwarzen Citroën zu folgen. Die Fahrt ging zurück nach Pest und weiter stadtauswärts.
»Wir werden gleich Fahrgäste bekommen«, sagte Wallenberg, als wir über die Donaubrücke rollten. »Er hat zwei Juden, Vater und Sohn, vor der Deportation bewahrt und an einem sicheren Ort versteckt. Ich habe sie ihm abgekauft.«

Davon, daß gelegentlich Geschäfte dieser Art getätigt wurden, hatte ich bereits gerüchteweise gehört – und ebenfalls, daß das Café Opera als auch das Café Biarritz für diese verschwiegenen Geschäfte den gepflegten Rahmen abgaben.
Ein wahrhaft großes Geschäft hatte Adolf Eichmann selbst einzufädeln versucht. Allen Ernstes hatte er den Alliierten die Lieferung von einer Million Juden angeboten gegen das Entgelt von zehntausend Lastwagen, die an der Ostfront dringend benötigt wurden.
Die Kontingente der Ungarn waren bescheidener: Ein Dutzend hier, ein halbes Hundert dort. Und manchmal auch nur einen oder zwei – je nachdem, was man gerade zur Verfügung hatte.
Von Rachel Klein wußte ich, daß Wallenberg oft mitten in der Nacht angerufen und zu einem »Geschäftsabschluß« bestellt wurde. Aus diesem Grunde war er stets im Besitz von erheblichen Mengen Bargeld in den verschiedensten Währungen.
Der Pfeilkreuzleroffizier im schwarzen Citroën, dem ich folgte, war gewiß der Meinung, ein gutes Werk zu tun. Freilich hinderte ihn sein weiches Herz nicht daran, sich für seine Mühewaltung in harter Währung bezahlen zu lassen. Von ungarischen Pengö wollte er nichts wissen, auch nicht von Reichsmark. Er bestand auf Schweizer Franken. Er verkaufte Wallenberg seine menschliche Ware für zweihundertundfünfzig Schweizer Franken pro Kopf.
Wallenberg war, als er mir das erzählte, durchaus nicht entrüstet – im Gegenteil. Er schien sehr zufrieden zu sein, daß das Geschäft zustande gekommen war, und sagte: »Schweizer Franken rufen fast jedes Gewissen wach. Sie werden sehen, Miklos, man wird uns noch die Türen einrennen.«
Die Fahrt endete in einer Laubenkolonie am äußersten Stadtrand. Der Pfeilkreuzleroffizier stieg aus und bedeutete Wallenberg, ihm zu folgen. Wallenberg sagte zu mir:

»Im Handschuhfach liegt ein Revolver. Stecken Sie ihn ein und bleiben Sie immer in meiner Nähe! Vier Augen sehen mehr als zwei.«

Wir brauchten nicht weit zu gehen, und niemand lauerte uns auf – aber während ich neben Wallenberg herging, begann ich zu ahnen, unter welcher Belastung dieser Mann lebte. Er war von Gefahren umstellt. Jeder Anruf, jeder Kontakt konnte sich als Falle erweisen, jeder Schritt über die Schwelle konnte der letzte sein. SIE schreckten vor nichts zurück. Und außer IHNEN gab es auch noch die gewöhnlichen Kriminellen.

Der Pfeilkreuzleroffizier schloß die Tür eines Geräteschuppens auf und forderte uns auf, einzutreten. Wallenberg bückte sich und trat ein. Ich folgte ihm, die Hand auf der in der Jackentasche verborgenen Waffe.

Der Revolver wurde nicht benötigt. Dem Pfeilkreuzleroffizier war tatsächlich nur an einem Geschäft mit Wallenberg gelegen. Nur hatte er nicht mit der Verderblichkeit seiner Ware gerechnet. Man sah es auf den ersten Blick, daß der Mann im Schuppen tot war. Er hatte sich auf die nackte Erde gesetzt, mit dem Rücken gegen die Bretter gelehnt; und so, im Sitzen, war er gestorben: an den Folgen eines schlampig verbundenen Einstichs in der rechten Seite, der wohl von einem ungarischen Bajonett herrührte. Die Wunde war wieder aufgebrochen, und der Mann war, während er auf unser Eintreffen wartete, verblutet. Rings um ihn war das Erdreich schwarz von seinem geronnenen Blut.

Das Kind, ein Knabe von vielleicht fünf, vielleicht auch sechs oder sieben Jahren, saß teilnahmslos und erloschen daneben, und als Wallenberg es ansprach und anrührte, zeigte es keine Reaktion. Es lebte, aber es befand sich in einem Zustand, in dem es nichts mehr wahrnahm.

Der Pfeilkreuzleroffizier hatte es plötzlich eilig und drängte darauf, entlassen zu werden. Als Wallenberg ihm zweihundertundfünfzig Schweizer Franken abzählte, wurde er ausfallend und verlangte auch den Rest. Wallenberg antwortete ihm kühl, daß er nicht daran dächte, Eichmanns tote Juden zu kaufen. Er sei an lebenden Juden interessiert – und nur für solche gäbe es bei ihm Geld. Später, als wir wieder im Studebaker saßen, das Kind hinten auf dem Rücksitz, sagte er: »Wenn Sie jetzt entsetzt sind, kann ich das durchaus verstehen. Alle diese Geschäfte sind unwürdig und widerwärtig. Aber noch widerwärtiger würden sie sein, wenn ich eine solche Gaunerei durchgehen ließe. Dann würde man mir nur noch tote Juden verkaufen. Ich muß diesen Leuten klarmachen, daß ich mich nicht übers Ohr hauen lasse.«

Inzwischen war es halb elf geworden, und es wurde Zeit, in die Phönixstraße zu fahren, über der in wenigen Minuten die Königlich-Schwedische Flagge hochgehen sollte.

Woher Wallenberg das Geld nahm, mit dem er in Budapest Adolf Eichmann einen Knüppel nach dem anderen zwischen die Beine warf, war ein offenes Geheimnis – genauso wie, daß er im besonderen Auftrag des amerikanischen Präsidenten und des Weltflüchtlingskomitees handelte.

Ein solcher Knüppel waren die zweiunddreißig Häuser in der Phönixstraße, die er gekauft hatte, fast ohne den Preis zu drücken. Es handelte sich um einen zusammenhängenden Komplex von vier- und fünfstöckigen Wohnblocks, die früher einmal in jüdischem Besitz gewesen waren und deren Verkauf nun dazu beitrug, die Unterbringung und Verköstigung Adolf Eichmanns und seines hundertundfünfzigköpfigen Stabes im Hotel Majestetic sicherzustellen. Es war ein Witz von der Art, über den sich die Nazis totlachen konnten. An diesem Tag jedoch war ihnen das Lachen bereits vergangen, denn mit seinem Zugriff hatte Raoul Wallenberg den Witz in sein Gegenteil verkehrt.

Der Schein wurde auch diesmal gewahrt. Es gab Ansprachen, Händeschütteln und Cocktails. Die Zahl der in der Phönixstraße parkenden Wagen war beträchtlich. Alle neutralen Gesandtschaften hatten ihre Delegationen entsandt, aber auch die ungarische Regierung war offiziell vertreten. Und da die Herren vom Hotel Majestetic gleichfalls eingeladen worden waren, war auch ihr Horch mit dem SS-Kennzeichen zur Stelle.

Als ich vorfuhr, wurde gerade der Flaggenmast aufgestellt, an dem um elf Uhr die schwedische Flagge gehißt werden sollte. Die Schilder, die die zweiunddreißig Häuser als Bestandteil der schwedischen Gesandtschaft auswiesen, waren bereits angebracht, und über einem gesondert stehenden Häuserblock, der zur Lazarettzone erklärt worden war, flatterte schon die Rotkreuzflagge.

Wallenberg wandte sich um und betrachtete den Jungen auf dem Hintersitz, der immer noch keinen Laut von sich gab und uns mit leeren Augen ansah, die uns nicht wahrnahmen.

»Eines Tages«, sagte Wallenberg, »wird er wissen wollen, warum ich nicht früher gekommen bin. Und ich werde antworten müssen: Es tut mir leid, aber ich bin auch nur ein Mensch...«

Ich spürte, wie sehr Wallenberg unter diesem Zuspätkommen litt, aber ich spürte auch, daß er von mir keinerlei Antwort erwartete. Er haderte mit sich selbst.

»Was fängt man nur mit ihm an?« sagte er schließlich. »Vielleicht lassen sich die Damen im Kinderheim etwas einfallen, um ihn wieder in diese Welt zurückzubringen.« Er stieß den Schlag auf. »Ich muß jetzt zum Empfang, ich bin der Gastgeber. Es gibt bestimmte Regeln.«

Eines der gekauften Häuser beherbergte das Kinderheim. Dort ging noch alles drunter und drüber, und weil ich nichts Besseres zu tun hatte, machte ich mich nützlich, indem ich den Jungen auszog und unter die Dusche stellte. Um seinen Hals trug er an einem dünnen Silberkettchen ein Medaillon mit einer Gravur. Die Prozedur der Reinigung ließ er stumm und abwesend über sich ergehen.

Zwischendurch trat ich einmal ans Fenster, um über der Phönixstraße die schwedische Flagge hochgehen zu sehen. Unter den Klängen der Nationalhymne stieg sie flatternd

in den stahlblauen Himmel. Es war ein erhebender Anblick.
Von diesem Moment an war fast die gesamte Phönixstraße nach geltendem Völkerrecht exterritoriales Gebiet, an dessen Grenzen die Polizeigewalt der Ungarn und der Deutschen endete.
Unmittelbar nach diesem feierlichen Akt verließ der Horch mit der SS-Nummer das Gelände. Die deutsche Abordnung kehrte in das Hotel Majestetic zurück, um Adolf Eichmann davon in Kenntnis zu setzen, daß er ein betrogener Betrüger war.
Die Vorgeschichte erfuhr ich von Rachel Klein, mit der ich befreundet war. Sie erzählte: »Wallenberg hat ihnen praktisch gar keine andere Wahl gelassen, als ihm den Zuschlag zu geben. Er hat mit der Frontlage argumentiert. Die Budapester Krankenhäuser sind überfüllt mit deutschen Verwundeten, für verwundete ungarische Zivilisten ist kein Platz. Wallenberg hat angeboten, ihnen diese Last abzunehmen – im Rahmen einer der schwedischen Gesandtschaft angeschlossenen exterritorialen Lazarettzone. Sie griffen sofort zu.«
Rachel Klein konnte darüber lachen wie über einen gelungenen Streich. Zu spät dämmerte es den Männern mit den schwarzen Stiefeln, daß sie der Errichtung eines zweiten jüdischen Ghettos zugestimmt hatten, einem sicheren Asyl für bedrohte Juden unter dem Schutz der schwedischen Flagge.
Rechtlich war Wallenberg nichts vorzuwerfen. Was er den Behörden versprochen hatte, hielt er ein. Das Krankenhaus gedieh zu einer durchaus ernstzunehmenden Einrichtung. Darin praktizierten hervorragende jüdische Ärzte, denen ausgebildete jüdische Krankenschwestern zur Seite standen. Auch die Pfleger, Stubenmädchen und Köche waren Juden. Ein zweites Krankenhaus kam alsbald hinzu; an Fachkräften bestand kein Mangel. Die Patienten kamen meist aus den Frontgebieten oder waren Opfer der immer zahlreicher und heftiger werdenden

Luftangriffe auf die Stadt. Wenn sie behandelt oder gar operiert wurden, fragten sie nicht erst nach dem Ariernachweis.
Neben den Krankenhäusern gab es eine Fülle anderer sozialer Einrichtungen, darunter das Kinderheim und mehrere Gemeinschaftsküchen. Auch hier bestand das Personal ausschließlich aus Juden.
In den Wohnhäusern gab es bald keinen freien Quadratmeter mehr. Nachdem Wallenberg dazu übergegangen war, alle Juden, die er Eichmann irgendwie entreißen konnte, in der Phönixstraße unterzubringen, drängten sich bald an die fünfzehntausend Menschen unter dem Schutz der Schwedenflagge.
An diesem ersten Tag freilich war wohl Wallenberg allein imstande, diese Entwicklung vorauszusehen. Er kehrte zurück, als ich damit beschäftigt war, den Einschuß im linken hinteren Kotflügel glattzuhämmern. Das Geschoß hatte den Reifen knapp verfehlt.
»Ich hoffe«, sagte Wallenberg zu mir, »Sie haben sich von Ihrem Schrecken in der Morgenstunde mittlerweile erholt, Miklos. Man wird sich an derlei gewöhnen müssen.«
Er wirkte müde und abgespannt und ließ sich mit einem Seufzer in das Polster sinken. Als ich den Motor starten wollte, bedeutete er mir, ich möge damit noch warten. Eine Weile saß er stumm da und dachte nach. Danach wandte er sich mir zu.
»Wissen Sie«, sagte er, »daß Sie überhaupt nicht aussehen, wie man sich einen Juden vorstellt?«
Da ich mir darüber bislang keine Gedanken gemacht hatte, hob ich stumm die Schultern.
»Sie sind groß, Sie sind schlank«, fuhr Wallenberg fort. »Sie haben blondes Haar und blaue Augen. Sie sind das Musterbeispiel eines deutschen Ariers aus bester germanischer Zucht. An Ihnen gemessen, sieht Eichmanns Herr und Meister, Heinrich Himmler, dieser Reichsführer SS, wie der letzte galizische Jude aus, ganz zu schweigen von des Großdeutschen Reiches Führer Adolf Hitler, der mit

rotem Halstuch und Fiedel auch als böhmischer Zigeuner durchgehen kann.«
Da ich nicht wußte, worauf er hinauswollte, blieb ich weiter stumm. Sein Blick ruhte auf der Schwedenflagge, die in der Schwüle des Nachmittags träge am Mast hing. »Die Zeit wird kommen«, sagte er, »in der auch dieses Stück Tuch sich als zu schwach erweisen wird, um alle diese unglücklichen Menschen zu schützen. Man wird, um sich auf diesem Gelände zu behaupten, so etwas wie eine hauseigene Schutztruppe benötigen.« Erneut sah Wallenberg mich an. »Miklos«, sagte er, »ich werde junge, unerschrockene Burschen wie Sie benötigen – und je arischer und germanischer diese aussehen, desto besser. Sie würden mir einen großen Dienst erweisen, wenn Sie sich in diesem Sinne umtäten. Und machen Sie keinen Hehl daraus, daß es eine gefährliche Arbeit wird. Der Feind, mit dem wir es zu tun haben, hat alle Gebote der Menschlichkeit für null und nichtig erklärt.«
Mit einem Neigen des Kopfes gab er mir zu verstehen, ich möge losfahren.
Die Schutztruppe ist dann auch tatsächlich aufgestellt worden und hat sich im Rahmen des ihr Möglichen mehr als bewährt, doch an diesem Tage existierte sie lediglich in seinen Überlegungen, die der Zeit vorauseilten.
Ich vermag nicht zu sagen, wie weit er die Ereignisse, die auf uns zukommen sollten, wirklich voraussah. Ich war für die Dauer von ein paar Tagen sein Fahrer als auch sein Leibwächter und wurde nie mehr als erforderlich ins Vertrauen gezogen. Immerhin gewann ich den Eindruck, daß er willens war, seine Phönixstraße mit allen Mitteln zu verteidigen.
Später bin ich oft gefragt worden: Warum hat er sich so sehr für die Juden eingesetzt? Ich habe darauf immer nur die eine Antwort gegeben: Falls nötig, hätte er auch die Hottentotten verteidigt. Oder die Albinos, die Pockennarbigen, die Schwulen. Sogar, im umgekehrten Fall, die Deutschen. Das war nun einmal seine Art...

Miklos Goldstern hat den Faden verloren – oder aber er hat inzwischen vergessen, weshalb ich um die halbe Welt geflogen bin, um mir seine Geschichte anzuhören. Er ist hinabgetaucht in den Ozean seiner Erinnerungen, und er hat ein Thema gefunden, an dem er sich festhalten kann.
Man hat mir, bevor ich auf die Reise ging, dezent zu verstehen gegeben: Man dürfe nicht jedes Wort von ihm auf die Goldwaage legen. Mitunter sei er ein arger Phantasierer – und wenn er wieder von seiner Zeit als Wallenbergs Fahrer und Leibwächter zu erzählen anfinge, dann möge ich mir vergegenwärtigen, daß außer ihm selbst sich kein anderer an diese Episode erinnern könnte. Der Verdacht, wurde mir bedeutet, läge nahe, daß Miklos Goldstern sich aus allerlei Hörensagen diese private Version zusammengesponnen habe.
Daran muß ich jetzt denken, aber es erregt mich nicht. Ich bin bereit, Miklos Goldstern Glauben zu schenken. Es gibt viel zuviel Mißtrauen auf der Welt. Andererseits habe ich bislang nichts von ihm erfahren, was mir auf meine persönlichen Fragen Antwort geben könnte. Ich unterbreche sein Sinnieren.
»In Ihrem Brief deuteten Sie an ...«
Sein trüber Blick findet mit Anstrengung zu mir zurück. »Wo sind wir stehengeblieben?«
Ich helfe ihm: »Die Phönixstraße.«
Er seufzt.
»Richtig, die Phönixstraße ...«

Anderntags – war es anderntags? Es kann auch zwei Tage darauf gewesen sein – kam dieser Anruf. Eine Horde bewaffneter Pfeilkreuzler, die betrunken von einem Kameradschaftsabend kamen, war unter Mißachtung des Gesetzes in die Phönixstraße eingedrungen. Langfelder hatte sich mit dem Studebaker gerade in die Werkstatt begeben, so daß Wallenberg sich noch einmal an mich wandte mit der Bitte, ihn zu fahren. Wir holten den Fiat aus der Garage und preschten los. Die Phönixstraße empfing uns wie ausgestorben, aber vor einem der Häuser standen mehrere Motorräder mit Beiwagen, und aus dem Haus selbst waren laute Stimmen zu hören. Als wir eintraten, standen wir vor einer eindeutigen Situation. Die Pfeilkreuzler, sechs Mann, alle bewaffnet, waren damit beschäftigt, das Haus, Wohnung für Wohnung, nach Wertsachen zu durchsuchen. Sie waren so betrunken, daß sie Wallenberg erst bemerkten, als er sie aufforderte, unverzüglich das Gebiet der schwedischen Gesandtschaft zu verlassen.

Als er das tat, überlief es mich kalt. Der Revolver war im Studebaker geblieben. Wir standen dieser alkoholisierten Horde buchstäblich mit leeren Händen gegenüber, und trotzdem hatte Wallenberg den Mut, sie von seinem Gelände zu weisen.

Er herrschte sie an: »Wie können Sie es sich erlauben, die schwedische Flagge zu mißachten! Ich werde dafür sorgen, daß man Sie zur Verantwortung zieht. Was Sie sich hier herausnehmen, ist eine kriminelle Handlung. Augenblicklich machen Sie kehrt und verlassen das Gesandtschaftsgelände!«

Ich war davon überzeugt, daß unser beider Leben nur noch nach Sekunden zählte, weil uns die Plünderer im nächsten Augenblick erschießen oder erschlagen würden. Was hatten sie denn zu befürchten? Einen besseren Dienst als diesen, Wallenberg umzubringen, konnten sie Adolf Eichmann gar nicht erweisen.

Was sie hinderte, so zu handeln, kann nur Wallenberg selbst gewesen sein: seine furchtlose Art. Mit seinen Worten trieb er sie vor sich her wie der Bauer die ertappten Apfelräuber: »Und wenn auch nur einmal noch einer von Ihnen das Gelände betritt, werde ich dafür sorgen, daß er das in seinem Leben nie wieder vergißt. Also, tun Sie endlich, was ich Ihnen sage, und verlassen Sie das Haus und die gesamte schwedische Zone!«

Das Wunder geschah: Die Pfeilkreuzler ließen ihre Gewehre und Maschinenpistolen sinken und zogen ab. Sie bestiegen ihre Motorräder und machten sich davon wie geprügelte Hunde. Nicht einmal die schon zusammengeraffte Beute nahmen sie mit.

Als sie fort waren, meinte Wallenberg: »Diesmal haben wir Glück gehabt. Aber das Glück ist ein launischer Verbündeter. Sie sehen selbst, Miklos, wie unerläßlich es ist, eine allzeit alarmbereite Schutztruppe auf die Beine zu stellen.«

Er nahm sich noch ein paar Minuten Zeit, um die Leute zu beruhigen, die völlig kopflos waren, dann bat er mich, ihn in sein Büro zurückzufahren.

Nach ein paar hundert Metern wurden wir von einer schweren deutschen Limousine mit SS-Nummer überholt und abgedrängt. Während ich auf die Bremse trat, sah ich für den Bruchteil einer Sekunde ein uns zugewandtes glattes Männergesicht unter der schwarzen Mütze mit dem Totenkopf.

Ich startete fluchend den abgewürgten Motor.

Wallenberg fragte: »Haben Sie ihn erkannt?«

»Wen?« fragte ich zurück.

Wallenberg wies mit dem Kinn auf die sich rasch entfernende deutsche Limousine.

»Unseren Feind«, sagte er. »Er war es in Person.«

Als ich begriff, wen er meinte, wurde mir flau. Auf Armeslänge war Adolf Eichmann an mir vorübergefahren: der Bluthund.

»Ach, übrigens«, sagte Wallenberg dann nach einer Weile, »was ich Sie noch fragen wollte, Miklos ... Haben Sie noch etwas aus dem kleinen Burschen herausbekommen, den ich Ihnen anvertraut habe?«

Wir fuhren gerade am Ghetto vorüber. Mir bot sich das übliche Bild: die endlose Schlange der um Wasser anstehenden Frauen, Männer und Kinder – und davor die patrouillierenden, rauchenden, schwatzenden Pfeilkreuzler. Die Luft über dem Ghetto flimmerte: braun und

schmierig. Ich wandte mich ab, um Wallenberg die Antwort zu geben, auf die er wartete.
»Nur seinen Namen«, sagte ich. »Wir fanden ihn eingraviert auf einem Medaillon. Der Junge selbst ist stumm geblieben.«
Wallenberg seufzte. »Armer Bursche!« sagte er. »Ich werde gelegentlich nach ihm sehen. Nach wem muß ich fragen?«
»Sein Name ist Joel«, erwiderte ich.

Schon eine geraume Weile herrscht Schweigen zwischen Miklos Goldstern und mir. Im Hintergrund spielen zwei seiner Zimmergenossen Schach, der dritte blättert in einer Illustrierten. Sie haben nicht zugehört.
Ich nehme die Hand von der Brust. Dort ist kein Medaillon. Auch kann ich mich nicht daran entsinnen, je ein Medaillon getragen zu haben. Freilich, das besagt überhaupt nichts. Der gekaufte Joel – soll ich das wirklich gewesen sein?
Ich will wissen, was Miklos Goldstern dazu meint. Es gibt unveränderliche körperliche Merkmale: Übereinstimmungen zwischen Kind und Mann, zwischen jung und alt.
Als ich mich räuspere, schlägt Miklos Goldstern die trüben Augen auf.
»Ich bin müde«, sagt er. »Es hat mich gefreut, Sie kennenzulernen. Wie war doch Ihr Name?«
»Joel«, sage ich.
Er schüttelt den Kopf.
»Nein«, sagt er, »Joel war der andere. Joel hat die Sprache verloren. Joel war stumm. Sie sind nicht Joel.«

5. Kapitel

Szigfrid Fisch
Kartoffelkonvoi

Raoul Wallenberg
gehört zu den ganz wenigen Persönlichkeiten,
denen es während des Zweiten Weltkrieges
durch intensive, energische Bemühungen und –
das sei hier besonders hervorgehoben –
in persönlichem Einsatz gelang,
unter täglich neuer Aufbietung ihres Mutes,
ihrer Erfindungsgabe und ihrer vielseitigen
Fähigkeiten Mittel und Wege zu finden,
um das zu vollbringen, was andere,
die sich gleich ihnen in jener tragisch-schweren Zeit
dem totalitären System entgegenzustellen wagten,
nur als gekrönte Häupter oder im Kollektiv –
wenn überhaupt – zu erreichen vermochten.

JOSEF WULF

Wallenberg, dieser Judenhund!

ADOLF EICHMANN

Ich habe nicht bedacht, daß es der 14. Juli ist, ein Tag, an dem ganz Frankreich die Erstürmung der Bastille feiert. Der kleine Laden mit der staubigen Vitrine, in der einige Radioteile und ein halbes Dutzend billiger japanischer Transistorgeräte vom guten Willen zeugen, mit den Schaufensterdekorationen der Großen Schritt zu halten, ist geschlossen.

Auf der anderen Straßenseite, ein paar Schritte weiter, ist ein Café. Ich kehre ein, bestelle einen Pernod und frage die Wirtin, ob sie Szigfrid Fisch kennt.

»Wen?« fragt sie.

Ich wiederhole den Namen und deute auf den Laden. Ich zeige ihr einen Brief, der seinen Absender trägt. Jemand, alkoholselig, grapscht danach. Ich ziehe die Hand fort. Sie stemmt die molligen Arme in die Seiten. »Ach der!« sagt sie. »Wissen Sie, Monsieur, wir kennen ihn besser unter dem Namen ›Budapest‹. Also, wenn Sie den suchen – der wohnt über dem Laden, aber die Klingel funktioniert nicht. Ich glaube, er will seine Ruhe haben.«

Sie ist hilfsbereit, greift zum Telefon und ruft an. Eine Minute später erscheint Szigfrid Fisch in Person, und als er erfährt, wer ich bin, bittet er mich zu sich.

Das Haus ist alt, die Treppe knarrt, oben riecht es nach Wäsche, nach Küche, Kohl und Knoblauch. Eine verschwitzte Frau reicht mir den kleinen Finger ihrer Hand, sagt, ich möge unbedingt zum Essen bleiben, und entschwindet wieder.

Ich bin in Paris und doch auch wieder nicht. Allerdings bin ich auch nicht in Budapest. Auf dem Tisch, aufgeschlagen, liegt der Talmud. Eine verwehte Erinnerung taucht auf – aber bevor sie Gestalt annehmen kann, hat sie sich bereits wieder verflüchtigt. Ich schlucke.

Woran mag das liegen, daß ich mich hier heimisch fühle? Als ich mich setze, habe ich das Gefühl, all das schon einmal erlebt zu haben, und ich warte darauf,

daß sich das Schleusentor der Erinnerung auftut und die verloren geglaubten Bilder freigibt.
Wer bin ich, Joel?
Szigfrid Fisch entschwindet und kehrt mit ein paar Flaschen Bier zurück. Das Bier ist warm. Er murmelt eine Entschuldigung. Dann fragt er: »Wie ist das – benötigen Sie ein Glas?«
Ich weiß, wie man darauf zu antworten hat. Ich gebe zurück: »Wozu? Das Bier ist doch im Glas.«
Wir trinken einander zu und wischen mit dem Handrücken den klebrigen Schaum von den Lippen.
»Ich war damals achtzehn«, sagt er, »und ich bin mit einem gewissen Joel Rosenbaum eng befreundet gewesen, aber mit dem haben Sie nichts zu tun. Der ist auch bald darauf gestorben. Und wissen Sie, wieso? Als er in ein amerikanisches Offizierskasino einstieg, um Zigaretten zu klauen, schnitt er sich an der Fensterscheibe aus Versehen die Pulsader auf und verblutete. Das war in Bremen. Allerdings damals in Budapest ...«

Zusammen mit meinen beiden Schwestern Ethel und Hannah und noch einem Dutzend anderer war ich von Raoul Wallenberg aus einem Transport herausgeholt worden. Für die Eltern hatte sich nichts mehr tun lassen, die waren bereits auf dem Weg nach Auschwitz gewesen. Fortan lebten wir unter dem Schutz der Schwedenflagge in der Phönixstraße.
Ethel – sie war damals sechzehn – machte sich im Kinderheim nützlich und kam zusammen mit den Kindern darin um, als die Pfeilkreuzler ihr Weihnachtsmassaker verübten. Hannah, die größere, arbeitete in ihrem erlernten Beruf als medizinisch-technische Assistentin in einem der beiden Krankenhäuser. Und ich selbst machte mir in der Werkstatt zu schaffen, in der die zur Gesandtschaft gehörenden LKWs aufgemöbelt wurden. Die meisten davon – wenngleich von Wallenberg für teures Geld gekauft – waren ein solcher Schrott, daß nicht einmal die

deutsche Wehrmacht, obwohl sie längst am Stock ging, sie haben wollte.
Die Lastwagen, selbst noch die miserabelsten, waren ein unschätzbares Kapital. Nur ihnen ist es zu verdanken, daß in einem vom Krieg heimgesuchten Land, in dem mehr und mehr die gesamte Organisation zusammenbrach, von den rund fünfzehntausend Menschen, die in der Phönixstraße Zuflucht gefunden hatten, niemand an Hunger und Entkräftung zugrunde zu gehen brauchte.
Wallenbergs Aufkäufer klapperten unermüdlich die Dörfer rings um Budapest ab, und weil sie in der Lage waren, auf dem schwarzen Markt praktisch jeden Preis zu zahlen, waren sie bei den Bauern bevorzugte Kunden. Die Kartoffelkonvois brauchten dann die Lebensmittel nur noch abzuholen.
Überall dort, wo sich die Deutschen auf ihre ungarischen Verbündeten verließen, hatten die Lastwagen freie Fahrt. Wallenbergs Verhältnis zu den Ungarn war seit jeher gut gewesen – nicht zuletzt, weil er für sie immer eine offene Hand hatte. Ein paar Wochen später, nach dem Umsturz, verbündete er sich sogar mit der Frau des neuen Außenministers, der Baronin Kemenyi, indem er beiden für den Fall des Einmarsches der Russen Asyl in der Phönixstraße in Aussicht stellte: als Gegenleistung für einen Wink an die Polizei, sich Schutzpaßinhabern gegenüber großzügig zu erweisen. Was seine Kartoffelkonvois anging, mag es ähnliche Absprachen gegeben haben.
Um diese Zeit war ich ernsthaft verliebt in eine gewisse Agnes Barlasz. Das war eine sehr junge und ungewöhnlich schöne Frau aus meinem Heimatort, die es unter tragischen Umständen in die Phönixstraße verschlagen hatte. Ihr Mann, Simon Barlasz, ein Untergebener meines Vaters, war vor ihren Augen zu Tode geprügelt worden, und um das Maß des Unglücks vollzumachen, konnte sie ihrer wundersamen Errettung – Raoul Wallenberg hatte sie auf dem Bahnhof Josefvarosy mit allen anderen aus einem abfahrbereiten Zug geholt – nicht froh werden, weil sie

ohne Nachricht war von ihrem Kind, das sie in ihrer Verzweiflung, bevor sie auf die Reise ging, in einem Versteck zurückgelassen hatte.
Inzwischen kannte ich die Geschichte – zumal sie sich an einem Ort zugetragen hatte, den ich kannte wie meine Westentasche, auf dem Gelände der Papierfabrik, in der mein Vater fast ein Jahr lang technischer Direktor gewesen war.
Agnes Barlasz hatte, als die SS-Männer und die Pfeilkreuzler auftauchten, ihrem gerade vierjährigen Joel, um ihn stillzuhalten, eine Schlaftablette zu schlucken gegeben und ihn sodann, ohne das umstellte Gelände zu verlassen, unter einem Berg Lumpen verborgen, der für die Aufbereitung bereitlag.
Mittlerweile war sie eine jener Frauen, von denen man sagt, daß sie das Lachen verlernt haben. Von meinen Annäherungsversuchen wollte sie nichts wissen. Ich jedoch liebte sie mit aller Glut und Verklärung, wie nur ein Bengel von achtzehn Jahren zu lieben vermag. Wenn sie gesagt hätte: Spring!, wäre ich gesprungen; wenn sie gesagt hätte: Stirb!, ich wäre für sie gestorben. Kurz, um meine Liebe unter Beweis zu stellen, war ich bereit, für sie durchs Feuer zu gehen. Und das brachte mich auf einen Gedanken.
Wallenberg war, als ich mich an ihn wandte und ihm erklärte, daß ich die Absicht hatte, Joel Barlasz, falls er noch lebte, aufzuspüren und in die Arme seiner Mutter zurückzuschaffen, sofort einverstanden, mir alle erforderliche Hilfe zuteil kommen zu lassen. Zusammen mit Joel Rosenbaum, der einen der Lastwagen chauffierte, besprachen wir die Einzelheiten. Das Vorhaben war nicht ohne Risiko, aber ich bestand darauf, es mir nicht aus der Hand nehmen zu lassen.
Beim nächsten Kartoffelkonvoi war ich dabei. Reszö Grosz, der mit seinen Schutztrupplern die Zufahrt sicherte, winkte uns noch vor Sonnenaufgang hinaus. Wallenberg, der wie fast immer seinen Studebaker benutzte, fuhr

an der Spitze. Ihm folgten vierzehn Lastwagen der verschiedensten Fabrikate.
Ich saß neben Joel Rosenbaum auf der harten Sitzbank eines Vorkriegs-Peugeots mit Kastenaufbau und spürte deutlich, wie ich bei diesem Aufbruch ins Ungewisse einen trockenen Mund bekam. Daß es bislang keine ernsthaften Zwischenfälle gegeben hatte, besagte nicht, daß das in alle Ewigkeit so weitergehen mußte. Man hatte es zu tun mit Lust und Laune einer ihre Willkür auskostenden Militär- und Polizeimacht. Sobald ein solcher Konvoi den sicheren Hafen der Phönixstraße verließ, glich er einem völlig auf sich allein gestellten Geleitzug auf feindlichem Ozean.
Ein paar Minuten nach Sonnenaufgang begannen die Sirenen zu heulen, und ein Dutzend sowjetischer Bomber fiel über die Stadt her. Die ganze Abwehr bestand aus dem Belfern einiger Flakbatterien. Deutsche Abfangjäger ließen sich schon seit langem nicht mehr blicken: ein deutliches Zeichen dafür, daß Hitlers Wehrmacht der Atem ausging. Im Westen machten ihr die gelandeten Amerikaner und Engländer zu schaffen, und im Osten rollte wie eine Dampfwalze die russische Offensive.
Joel Rosenbaum beugte sich aus dem Fenster und stieß brüllend vor Wonne die Hand mit den zum Victory-Zeichen auseinandergespreizten zwei Fingern in die Luft. »Gebt's ihnen!« schrie er. »Zahlt es ihnen heim! Schlagt sie zusammen!« Der Rest blieb ihm im Halse stecken, denn dies war gerade der Augenblick, an dem der Konvoi am Ghetto vorbeirollte, und vor dem Ghetto war ein Galgen aufgestellt, an dem Otto Nußbecher hing, den wir alle gut kannten: der Kurier der jüdischen Untergrundorganisation Wa'ada. Es hieß, Wallenberg hätte mit allen Mitteln versucht, Nußbecher von der Exekution freizukaufen, doch in diesem Fall wäre nichts zu machen gewesen, weil Adolf Eichmann persönlich hinter der Hinrichtung stand. Der Galgen mit dem toten Otto Nußbecher machte uns klar, daß es sich mit den sowjetischen Bombern etwa so

verhielt wie mit der einen Schwalbe, die noch keinen Sommer bringt, und daß die Macht in Budapest, auch wenn die Fronten bereits wankten, nach wie vor fest und unerschütterlich in der Hand des totenkopfgeschmückten Bluthundes lag.

Wir kamen durch das Viertel, über dem die Bomben niedergegangen waren. Drei, vier Wohnblöcke brannten. Die Straße war durch Fahrzeuge der Feuerwehr und Polizei blockiert und für den Verkehr gesperrt. Wir wendeten und wählten einen vom Feuer verschonten Umweg.

Als wir schließlich die Stadt hinter uns gelassen hatten und auf der Vácer Chaussee donauaufwärts rollten, war der Tag bereits heiß und glühend. Unser Motor begann zu kochen, und Joel Rosenbaum mußte halten, Wasser holen und den undichten Kühler auffüllen. Auch andere Fahrzeuge gerieten in Schwierigkeiten, und jedesmal, wenn eines rechts heranfuhr, kam die ganze Wagenkolonne zum Stehen.

Auf dem Lande kam man sich vor wie im tiefsten Frieden. Die Ernte war im Gange, und die Fuhrwerke, die wir immer wieder überholten, schwankten unter der haushoch getürmten Last des gemähten Getreides. Obendrauf saßen die Mädchen mit sonnengebräunten Armen und Beinen und verschwitzten Gesichtern. Beim zweiten Hinsehen spätestens freilich bemerkte man, daß der Frieden Risse und Sprünge hatte, durch die der Krieg quoll. Die Bauern mochten uns für deutsche Soldaten oder Pfeilkreuzler halten – auf jeden Fall beeilten sie sich, die Straße freizumachen, was sonst nie ihre Art gewesen war. Inzwischen hatte man ihnen klargemacht, daß die Chausseen alles andere waren als bäuerlicher Besitz.

Und auch der Güterzug mit den drahtgitterbewehrten Fenstern, der an uns vorüberratterte, während wir vor der geschlossenen Bahnschranke warteten, paßte nicht zum friedlichen Bild. Man sah Gesichter, die sich gegen die Gitter preßten, Hände, die sich wie im Krampf dem

gleichgültigen Himmel entgegenstreckten. Joel Rosenbaum war auf einmal sehr aufgebracht. Er fragte: »Warum hat keiner den Mut, ihn umzulegen?«
»Wen?« fragte ich, wobei ich hinter dem entschwindenden Zug herblickte.
»Eichmann«, sagte er. »Es muß doch möglich sein.«
»Wie?« fragte ich.
Er hob die Schultern. »Was weiß ich? Bei Heydrich in der Tschechoslowakei war's möglich. Warum soll's hier nicht klappen.«
»Und danach?« fragte ich.
»Was danach?« fragte er.
»Du hast vergessen, was nach Heydrichs Tod in der Tschechoslowakei los war. Oder was mit dem Warschauer Ghetto passiert ist.«
Er stöhnte und ließ, weil die Schranke aufging, den Motor wieder an.
»Verdammt ja, du hast recht!« sagte er. »Aber so ist das kein Zustand – immer nur stillhalten! Man lebt wie das Schlachtvieh...«
Ich dachte an meine Eltern, die ein Zug wie dieser davongetragen hatte.
Die Hupe des Studebakers ertönte. Wallenberg trieb uns an. Eine gute halbe Stunde später trafen wir am vereinbarten Ort ein, und dort waren die Fuhrwerke bereits vorgefahren, so daß wir sofort mit dem Umladen der Säcke beginnen konnten. Die Lieferung bestand aus Mehl, Gemüse und vor allem aus Kartoffeln.
Unter der sengenden Sonne schufteten wir eine gute Stunde lang, bis die gesamte Fracht umgeschlagen worden war. Danach wurde ich zu Wallenberg gerufen, und dieser wollte von mir wissen, ob ich noch immer die Absicht hätte, das Schicksal des vermißten Joel Szenes zu klären.

An dieser Stelle falle ich Szigfrid Fisch ins Wort. Er soll merken, daß ich ein aufmerksamer Zuhörer bin.
»Wieso Szenes?«

Er sieht mich verständnislos an.
»Aber so hieß er.«
Ich bin hartnäckig: »Vorhin hieß er anders.«
Er wedelt protestierend mit der Bierflasche.
»Das kann nicht sein. Joel Szenes. Der Sohn von Agnes Szenes.«
Wenn ich will, bin ich stur. Jetzt will ich. Ich weiß genau, daß es nicht so ist. So leicht kommt er mir nicht davon. Ich nagele ihn fest.
»Vorhin«, sage ich, »hat sie noch Agnes Barlasz geheißen. Nicht Szenes. Barlasz!«
Szigfrid Fisch bläht die Nüstern, atmet den Küchendunst ein und erwidert: »Übrigens, meine Frau rechnet damit, daß Sie zum Essen bleiben. Das haben Sie doch mitbekommen – oder? Ach ja, und diese Agnes hieß tatsächlich Szenes. Habe ich Barlasz gesagt? Bestimmt nicht. Auf jeden Fall ging es um ihren Jungen, Joel.«
Er überzeugt sich, daß ich noch zu trinken habe, öffnet für sich eine neue Flasche Bier und nimmt den Faden wieder auf.

Ich antwortete, daß sich an meinem Vorsatz nichts geändert hatte, und Wallenberg nickte und erkundigte sich, wie ich vorgehen wollte. Ich zeigte ihm auf der Karte, wie wir zu fahren hatten, und danach setzte sich der Kartoffelkonvoi erneut in Bewegung. Alles in allem machten wir einen Umweg von vielleicht zehn, zwölf Kilometern – das allerdings im Schrittempo, denn sobald wir die Vácer Chaussee verließen, wurden die Straßen mörderisch. Irgendwann tauchte trotz allem die Kirchturmspitze auf, und dann sah man bald auch die beiden Schornsteine der Papierfabrik. An der Kreuzung stieg ich aus und setzte den Weg zu Fuß weiter fort.
Um nicht den Gendarmen in die Arme zu laufen, von denen man nicht wissen konnte, was sie mit meinem Schutzpaß anfangen würden – in der Provinz gab es ja

solche, die nicht lesen und schreiben konnten –, umging ich das Dorf und gelangte schließlich, nachdem ich über ein paar Zäune geklettert und mich mit einem halben Hundert Gänse geärgert hatte, von hinten in den Hof der Fabrik.
Es traf sich gut, daß gerade Mittag war. Jószef Hevesi, grauköpfig und würdevoll, war daheim, und mit ihm am Tisch saß seine Frau, die man, weil sie so oft betete, die Heilige nannte. Früher einmal hatte ich an diesem Tisch gesessen – zusammen mit meinen Eltern und Geschwistern.
Jószef Hevesi erspähte mich, als ich durch das Fenster lugte, und verschluckte sich. Danach verschluckte sich auch seine Frau, und nachdem beide sich von ihrem Hustenanfall so weit erholt hatten, daß sie wieder atmen konnten, sagte er: »Josefmaria, der Bub des Direktors ist wieder da!« Und dann sagte er noch: »Komm rein, komm rein, bevor dich wer sieht. Weißt selbst, wie die Leute sind.«
Von einem kleinen Joel war weit und breit nichts zu sehen, doch das hatte nichts zu bedeuten. Falls man das Kind gefunden hatte, bevor es mit den Lumpen in den Reißwolf geraten war, wurde es nun gewiß in aller Heimlichkeit gehalten. Jószef Hevesi mochte darüber Bescheid wissen. Als er mich ins Haus bat, trat ich ohne zu zögern ein. Darin hatte ich nichts zu befürchten. Die Hevesis waren grundanständige Menschen, mit denen wir bis zuletzt gut ausgekommen waren.
»Rück ein bißchen! Und leg noch ein Gedeck auf!« sagte Jószef Hevesi zu seiner Frau, nachdem ich hinter mir die Tür geschlossen hatte. Und an mich gewandt, fügte er hinzu: »Setz dich und iß mit uns. Und dann erzähl, was dich herführt.«
Vom Platz aus, auf dem ich zu sitzen kam, mußte ich bei jedem Bissen, den ich zu mir nahm, das Kruzifix an der Wand anstarren, das früher dort nicht gehangen hatte. Die Wohnung atmete christlichen Geist.

»Also«, sagte Jószef Hevesi, als ich schließlich den Teller zurückschob, »was willst du von uns?«
Mir schien es angebracht, endlich zur Sache zu kommen, denn draußen vor dem Dorf stand in der prallen Sonne der wartende Konvoi.
»Joel Barlasz!« sagte ich. »Bevor man die Eltern abtransportierte, hat seine Mutter ...«

»Joel Szenes!« werfe ich ein.
»Joel Barlasz!« beharrt Szigfrid Fisch. »Wie kommen Sie auf Szenes?«
»Vorhin sagten Sie selbst ...«
»Ich habe immer nur von Agnes und Joel Barlasz gesprochen«, weist er mich zurecht und läßt mich spüren, wie ungelegen ihm mein Einwand kommt. »Was ist? Wenn Sie alles besser wissen, brauche ich ja gar nicht zu erzählen.«
Ich muß vermeiden, daß er seine Drohung wahrmacht. Er macht den Eindruck eines ernsthaft Beleidigten. Ich sage rasch: »Ich bitte um Verzeihung, Herr Fisch.«
»So«, sagt er, »nun ...«, und zeigt sich gnädig. Er berichtet weiter.

Also, ich erzählte den Hevesis die ganze Geschichte, wie ich sie von Agnes Barlasz kannte, und mir entging dabei nicht, daß die beiden bedeutungsvolle Blicke tauschten: ein Verhalten, das mir mehr und mehr das Gefühl vermittelte, nicht nur an der richtigen Stelle zu sein, sondern demnächst auch abrücken zu können mit mehr als leeren Händen.
Nachdem ich geendet hatte, ergriff Frau Hevesi, die man die Heilige nannte, das Wort. Sie war eine große, hagere Frau mit schmalen Lippen und strengem Blick.
»Und jetzt«, erkundigte sie sich, »will die Ärmste ihr Kind zurückhaben, verstehe ich recht?«
»Sie will zumindest wissen, daß es wohlauf ist«, bestätigte

ich. »Und darüber hinaus, wenn möglich, hofft sie zuversichtlich, daß ich es ihr zurückbringe.«
Eine lange Pause entstand, in der man das Summen der Fliegen hören konnte. Die beiden besprachen sich mit den Augen, und wieder war es dann Frau Hevesi, die sich an mich wandte.
»Es könnte sein, daß dieser Joel Barlasz noch am Leben ist«, sagte sie. »Es könnte sein, daß er wohlauf ist und nach seiner Mutter verlangt. Es könnte sein, daß man den Gendarmen hat schmieren müssen. Ich hoffe, Sie verstehen, junger Herr.«
Natürlich verstand ich. Ich verstand, daß Józef Hevesis Alte auf Geld aus war – und das konnte nur bedeuten, daß der kleine Bursche in sicherer Obhut war. Mein Herzschlag verdoppelte sich. Im Geist sah ich mich bereits, wie ich vor Agnes Barlasz hintrat, um ihr ihr verlorenes Kind ans Herz zu legen. Gelobt sei die heilige Hevesi! Nicht alle Ungarn waren schließlich mit dem, was im Lande vor sich ging, einverstanden. Andererseits – wer begriff das wohl besser als ich – hatte in Zeiten wie dieser auch die selbstverständliche Nächstenliebe ihren Preis. Ein Kruzifix war ein Kruzifix, aber ein Bündel Pengö blieb ein Bündel Pengö. Und davon hatte mir Wallenberg genug mit auf den Weg gegeben. Ich kam also zum Geschäft.
»Wieviel?«
Frau Hevesi, die man die Heilige nannte, zuckte nicht mit der Wimper.
»Dreitausend Pengö.«
»Zu viel!« protestierte ich. »Mit dreitausend Pengö besticht man einen Major. Für einen einfachen Gendarmen sind tausend Pengö mehr als genug.«
Sie warf mir einen ihrer strengen Blicke zu und machte eine Geste, die bedeuten mochte: Na, dann eben nicht! Es war ihr durchaus zuzutrauen, daß sie das Geschäft würde platzen lassen, nur um das Prinzip zu wahren, nicht mit einem Juden handeln zu müssen. Ihr schmaler

Mund drückte aus, wie sehr unter ihrer Würde dieses Gespräch war. Behutsam bot ich mehr.
»Elfhundert Pengö. Das ist wirklich alles, was die arme Frau Barlasz aufbringen kann. Sie hat dafür ihren Trauring versetzt und einen goldenen Zahn. Elfhundert Pengö.«
Jószef Hevesi seufzte und tat den Mund auf. »Zweitausend Pengö!« verkündete er. »Damit ist dann auch gleich die Verpflegung abgegolten. Sie sehen, junger Herr, wir kommen der armen Frau entgegen.«
Ich tat, als ob ich zögerte, obwohl dazu wahrhaftig kein Anlaß bestand. Die beiden kamen sich sehr gerissen vor, aber sie kannten die Preise nicht, die in Budapest verlangt und gezahlt wurden. Mit einem Seufzer willigte ich ein.
»Abgemacht. Zweitausend. Wann kann ich das Kind haben?«
Wieder sahen die beiden einander an. Danach war erneut Frau Hevesi, die man die Heilige nannte, an der Reihe.
»Ach ja, das arme Wurm!« sagte sie. »Es hat ein Dach über dem Kopf gehabt als wär's ein rechter Christenmensch. Ich meine, mit fünfhundert Pengö wäre das nicht überbezahlt. Finden Sie heute mal jemand, der so einem kleinen Judenbalg Quartier gibt! Aber wem erzähl ich das? Der junge Herr weiß selbst am besten, wie das ist.«
Ich spielte den Gebrochenen. »Dreihundert!« sagte ich. »Das ist wirklich alles, was ich der armen Frau noch zumuten kann.«
»Fünfhundert!« beharrte Frau Hevesi. »Und weitere fünfhundert für die ausgestandene Angst. Man hat schließlich sein Leben riskiert für einen Akt der Barmherzigkeit.«
Dreitausend Pengö hatte sie zu Anfang verlangt, und dreitausend bekam sie nun. Mit ihr war nicht zu handeln. Das Geld sollte sie bekommen, sobald sie mir den kleinen Joel draußen vor dem Ort übergab.
Ich kehrte zu den Lastwagen zurück und sagte Wallenberg, wie wir verblieben waren, und wir machten uns ans Warten. Eine Stunde verging, bis Jószef Hevesi mit einem Handkarren erschien, auf dem ein schwerer Sack lag. Ich

warf einen Blick hinein, und das Geschäft ging in Ordnung. Jószef Hevesi bekam dreitausend Pengö, und ich lud den Sack mit dem kleinen Joel Barlasz auf unseren Lastwagen, und zurück ging es nach Budapest.

Irgend etwas funktionierte nicht an diesem Tag. Es mochte sein, daß Wallenbergs gekaufte Verbündete anderen Sinnes geworden waren; es konnte allerdings auch sein, daß wir es mit einer Polizeitruppe zu tun bekamen, die neu und unerfahren und in die geheimen Absprachen nicht eingeweiht war. Als unser Kartoffelkonvoi in Budapest einrollte, fanden wir die Straße gesperrt. Die Polizisten kontrollierten alle stadteinwärts fahrenden Kraftfahrzeuge und Fuhrwerke. Offenbar hatte man es mit einer jener Aktionen zu tun, wie sie in unregelmäßiger Folge zur Bekämpfung des Schwarzhandels angesetzt wurden.

Der Studebaker, der als Diplomatenfahrzeug gekennzeichnet war, blieb unbehelligt, aber an den Lastwagen samt Personal nahmen die Polizisten Anstoß. Es war eine üble Situation. Wir mußten aussteigen und uns mit erhobenen Händen am Straßenrand aufstellen.

Plötzlich vernahm ich Wallenbergs Stimme. Er war aus dem Studebaker gestiegen und zurückgekommen, und nun verhandelte er mit dem verantwortlichen Offizier.

»Wofür wollen Sie den Kopf hinhalten?« hörte ich ihn sagen. »Ihre deutschen Verbündeten werden sich aus dem Staub machen, aber Sie wird man aufhängen, wenn die Russen kommen. Was also haben Sie davon, wenn Sie uns das Leben schwermachen? Was halten Sie von einem Handel? Sie lassen meine Lastwagen ungeschoren, und dafür erwartet Sie in der Stunde X ein Schwedenpaß mit meiner Unterschrift.«

Die Fahrzeuge wurden tatsächlich freigegeben, und wir durften weiterfahren. Zuvor jedoch notierte sich Wallenberg den Namen des ungarischen Polizeioffiziers.

Als die Sonne unterging, rollte der Kartoffelkonvoi, über und über mit Staub bedeckt, in die Phönixstraße ein, und ich hatte nichts eiliger zu tun, als mit meinem plötzlich

losplärrenden Beutestück zu Agnes Szenes zu stürzen. Ich tat es wie auf Wolken. Wenn nicht auf Anhieb die Liebe, so doch die Dankbarkeit dieser schönen und begehrenswerten Frau war mir nunmehr gewiß. Ich kam herein, stellte mein zweibeiniges heulendes Mitbringsel vor sie hin und wartete ab. Sie streifte es mit einem flüchtigen Blick und fragte: »Wen haben Sie denn da angeschleppt?«
Ich faßte das Kind unter dem Kinn und hob ihm den Kopf, so daß sie ihm besser in das Gesicht sehen konnte.
»Frau Szenes«, sagte ich, »erkennen Sie Ihr Kind denn nicht? Das ist Joel.«
Sie runzelte die Stirn wie über einen schlechten Witz, schüttelte den Kopf und ließ uns beide stehen. »Ich weiß nicht, woher Sie das Kind haben und weshalb Sie es anschleppen«, sagte sie, »ich jedenfalls habe es nie zuvor gesehen. Es scheint ein Zigeunerkind zu sein. Finden Sie nicht?«

Die Fensterscheiben klirren. Im Café auf der anderen Straßenseite wird die Marseillaise gesungen.
Szigfrid Fisch nimmt noch einen Schluck Bier, rülpst und stellt die leere Flasche auf den Fußboden. Sein Gesicht verrät nicht, wo er mit seinen Gedanken ist: ob hier in Paris oder damals in Budapest.
Seine Frau kommt herein und fängt an, den Tisch zu decken. Sie legt in der Tat drei Gedecke auf. In diesem Haus, spüre ich, sind die alten Sitten und Bräuche noch lebendig. Ein Gast bei Tisch gereicht zum Segen.
Ob ich mir die Hände waschen möchte, fragt er und weist mir den Weg. Im Klo funktioniert das Licht nicht. Er fummelt am Schalter, bis das Licht angeht. Bevor er die Tür hinter mir zumacht, erkundige ich mich: »Es würde mich doch sehr interessieren, ob der Name Barlasz gewesen ist oder Szenes.«
Er hebt die Schultern.
»Barlasz, Szenes!« sagt er. »Ich weiß wirklich nicht, was Sie mit dieser Fragerei bezwecken.«

6. Kapitel

Miriam Schweiger
»Wie eine Meute hungriger Wölfe…«

Wallenberg ist der Held unserer Zeit.
Als das schlimmste Gottesurteil über uns hereinbrach,
bestand er tausend Gefahren,
nur um uns zu helfen.
Freiwillig hielt er inmitten des Entsetzens aus
und setzte sein Leben für uns ein.

Jüdische Gemeinde, Budapest

Sie sind eben reine Parasiten.

ADOLF HITLER
über die Juden

Die Abmachung, den genauen Zeitpunkt meines Eintreffens telefonisch anzukündigen, habe ich nicht einhalten können. Das Telefon funktioniert nicht, und das ist höhere Gewalt: ein Anschlag der Palästinenser. Der Bus fährt mit Verspätung und trifft völlig unfahrplanmäßig ein. Er ist in Begleitung eines Militärjeeps mit aufgesetztem MG.
Ich bin der einzige Fahrgast, der aussteigt. Kaum bin ich draußen, fällt die Hitze über mich her. Die flachen weißen Häuser werfen kaum Schatten. Vor zwei Jahrzehnten war hier Wüste. Inzwischen werden Orangen für den Export gezüchtet. Der Kibbuz arbeitet mit Gewinn.
Als ich mich durchfrage, bin ich mit meinem städtischen Anzug und meinem Koffer ein Fremdkörper in der Umgebung, in der man Jeans trägt und verschwitzte Baumwollhemden. Man schickt mich zur Traktorenwerkstatt.
An einem Traktor wird gearbeitet. Der Mann im öligen Overall dreht mir den Rücken zu. Ich bleibe stehen, räuspere mich und sage schließlich: »Entschuldigen Sie ...«
Der Mann richtet sich auf, dreht sich um und entpuppt sich als Frau. Ich stehe vor Miriam Schweiger. Ihr Gesicht ist von allzu viel Sonne gezeichnet, ihre hellen Augen mustern mich skeptisch von Kopf bis Fuß.
»Ach, Sie sind's – wegen der Sache mit diesem Joel.« Ihr Händedruck ist fest, fast männlich. »Wissen Sie, es war ja nur so eine Episode. Versprechen Sie sich also nicht zu viel davon.«
Ich stehe in der prallen Sonne und löse mich allmählich auf. Das Tuch, mit dem ich mir über das Gesicht fahre, ist im Anschluß daran zum Auswringen naß. »Dieser Joel«, erkundige ich mich, »wie alt mag er damals gewesen sein?«
Sie legt den Kopf auf die Seite und runzelt die Stirn.

»Ich war vierzehn damals. Und er? Na, sagen wir vier.«
»Und er ist – das wissen Sie genau – davongekommen?«
Sie setzt sich in Bewegung und geht auf das Haus zu. »Was heißt: Ich weiß es genau? Er war einer von denen, die Wallenberg während der Ausgangssperre aus dem Ghetto holte. Macht es Ihnen was aus, wenn ich mich zunächst erst mal unter die Dusche stelle?«

Wir haben damals weder einen Kalender besessen, noch habe ich Tagebuch geführt. Ich werde versuchen, den Zeitpunkt einzukreisen. Der August war ein sehr schlimmer Monat gewesen, mit vielen Razzien und Deportationen. Und im Oktober, Mitte Oktober, wurde über das Ghetto die Ausgangssperre verhängt. Es muß also dazwischen angefangen haben, im September.
Vielleicht sollte ich vorwegschicken, daß es damals bei uns so etwas gab wie zwei Kategorien von Menschen. Die eine Kategorie – das waren die Leute mit den Schwedenpässen, die Privilegierten. Ich will nicht sagen, daß ihnen das ewige Leben sicher war, denn wenn sie von den Deutschen selbst aufgegriffen wurden, dann gingen sie nicht selten ohne viel Federlesens mit auf die Reise. Aber die Ungarn, Polizei und Pfeilkreuzler, die für Eichmann das schmutzige Geschäft besorgten, das Einfangen und Vorsortieren, ließen das Papier in der Regel gelten.
Wir gehörten zu der anderen Kategorie: zu den Leuten, die ohne ein solches Papier leben mußten, und das war die Mehrheit. Was dafür der Grund war – ob Vater es gar nicht erst versucht hatte oder ob er durch äußere Umstände daran gehindert worden war, sich um einen solchen Schutzpaß zu kümmern – vermag ich nicht zu sagen. Vielleicht hatten wir, wie man so sagt, ganz einfach den Anschluß verpaßt, und nun ließ sich daran nichts mehr ändern. Die Straßen waren unsicher geworden. Die Wahrscheinlichkeit, ins Gas zu wandern, war – das ging los im

August –, wenn man sich hinauswagte, erheblich größer, als wenn man sich im Hause verkroch. Die Zeiten, in denen man, um einen solchen Schutzpaß zu ergattern, ganz offen zur Abteilung C in der Tatrastraße ging, waren endgültig vorbei.

Dabei wurden die Verhältnisse im Ghetto von Tag zu Tag unerträglicher. Das Haus, in das man uns eingewiesen hatte, war ein Achtfamilienhaus. Jetzt drängten sich darin zwischen zweihundertfünfzig und dreihundert Menschen. Und überall war es das gleiche. Man hatte uns das Wasser abgestellt, und damit war auch die Hygiene zusammengebrochen. Krankheiten breiteten sich aus: Fleckfieber, Ruhr. In allen Häusern gab es Todesfälle. Die Menschen waren durch den Hunger ja völlig geschwächt.

Wenigstens diesbezüglich hatte Vater eine glückliche Hand bewiesen. Es war ihm gelungen, ein paar Wertsachen zu retten, und diese setzten wir nun nach und nach um in Lebensmittel. Für die ungarischen Schieber war das Ghetto ein wahres Eldorado, denn dort wurde ihnen buchstäblich jeder Preis gezahlt. Für Rüben und Kartoffeln verlangten sie Gold und Edelsteine.

Das also waren die Verhältnisse. Ich könnte sie ausführlicher schildern – aber wozu? Es geht schließlich um Joel. Eines sollte ich noch einfügen. Im gleichen Zimmer mit uns lebte ein gewisser Melech Bruszt, ein ruhiger, ernster, stets sehr gelassener, freundlicher Mensch, der, so ging das Gerücht, irgend etwas mit dem Widerstand zu tun hatte: ein Umstand, der mich mit Bewunderung erfüllte. Vater war allerdings der Meinung, daß dieser Herr Bruszt viel eher irgendwelchen krummen Geschäften nachging, wozu er, was nicht selten geschah, die Nacht über oder, auch das kam vor, ein paar Tage fortblieb. Von einem dieser Ausflüge brachte er mir, das vergesse ich nie, einen ganzen Riegel Schokolade mit.

Anfang September muß es auch gewesen sein, daß Mutter sich einer gewissen Greta Geyer, die sie von früher her

oberflächlich kannte, annahm und sie gegen den Protest aller Mitbewohner bei uns einquartierte.
Die Geyer war um diese Zeit bereits eine sattsam bekannte Erscheinung, weil sie immer mit dem Foto des ihr abhanden gekommenen Joel herumlief und die Leute belästigte: »Ach bitte, haben Sie vielleicht diesen Jungen gesehen? Denken Sie nach! Er kann sich doch nicht in Rauch aufgelöst haben.« Sie konnte sich einfach nicht damit abfinden, daß ihr Joel zu den Deportierten gehören sollte. Alles sprach dafür, daß er in die große Razzia geraten war, der ein paar Hundert Wasserholer zum Opfer gefallen waren. Warum sollte ein Vierjähriger, falls er sich zum fraglichen Zeitpunkt am fraglichen Ort aufgehalten hatte, verschont geblieben sein, wenn sogar Säuglinge, als wären sie Lumpen, in hohem Bogen auf die Lastwagen geworfen wurden?
Auch Mitleid hat seine Grenzen. Ich gebe zu, daß mir die Geyer ganz mächtig auf die Nerven ging – vor allem, weil sie immer wieder vergaß, wem sie das Foto schon gezeigt hatte und wem nicht. Sobald sie anfing, es aus ihrem Täschchen zu fingern, bekam ich das Laufen. Sie wiederum trachtete danach, mich zu fassen zu bekommen und festzuhalten; und dann, wenn ihr das gelang, mußte ich gute Miene zum bösen Spiel machen und das elende Ritual der Befragung über mich ergehen lassen, weil sie sonst in Schreikrämpfe verfiel und man, wenn sie in diesem Zustand war, die ganze Nacht über kein Auge zubekam. »Ach bitte, Miriam!« schmeichelte sie. »Du bist jung, du hast ein gutes Gedächtnis – versuch doch, dich zu erinnern. Ich suche meinen Joel.«
Leute, die weniger geduldig und großherzig waren als meine Mutter, nannten die Geyer eine Verrückte. Mag sein, daß sie ihre Sinne wirklich nicht mehr ganz beisammen hatte. Mutter jedenfalls nahm sich ihrer an – eine Haltung, für die ich damals kein Verständnis hatte, aber damals war ich, das mag mich entschuldigen, ein junges und dummes Ding.

Miriam Schweiger sieht mich an und wartet darauf, daß ich ihr mein Verständnis kundtue. Ich nutze die Unterbrechung, um eine Frage zu stellen.
»Können Sie sich an diesen Joel auf dem Foto noch erinnern – ich meine, wie er ausgesehen hat?«
Sie hebt die Schultern.
»Himmel nein! Es war ein ganz gewöhnliches Kindergesicht. Wissen Sie, ich habe mich ja auch nicht sehr dafür interessiert.«
Es war der Versuch gewesen, den Anfang eines Fadens zu erhaschen. Nun stehe ich wieder mit leeren Händen vor dem Labyrinth meiner Frage: Wer bin ich, Joel?
Miriam Schweiger sitzt mir gegenüber, mit geschlossenen Augen, und sammelt ihre Gedanken.

Also, dieser Melech Bruszt, von dem es hieß, daß er zum Widerstand gehörte, war schließlich schuld daran, daß Vater nach Auschwitz kam. Er war wieder einmal – seit ein paar Tagen schon – abwesend, ohne uns wissen zu lassen, wohin er ging und was er trieb, als eines frühen Morgens die Deutschen kamen.
Wir lagen noch in tiefem Schlaf, als jemand Alarm gab, und gleich darauf polterten sie auch schon ins Zimmer, brüllten: »Los, los, alles hoch und an die Wand, aber ein bißchen dalli!«, und bearbeiteten die Alten, die nicht so rasch auf die Beine kamen, mit ihren Stiefeln. Sie taten das gewissermaßen völlig berufsmäßig: ohne persönliche Regung. Mit den SS-Männern war auch ein Mann in Zivil gekommen. Dieser nahm sich sofort meinen Vater vor. Warum ihn, warum keinen anderen? Ich weiß es nicht. Vielleicht, weil Vater einen gebildeten und kultivierten Eindruck auf ihn machte.
»Also, wo ist er, dieser Mózes Roth?«
Vater erwiderte höflich, ihm sei kein Mózes Roth bekannt, und der Deutsche in Zivil schlug ihn ein paarmal mit dem Handrücken ins Gesicht.

»Mag sein, daß er sich hier anders nennt, Elek Neustadt oder auch Melech Bruszt. Also, wo steckt das Schwein?«
Vater lehnte mit erhobenen Händen an der Wand, und das Blut rann ihm über das zerschundene Gesicht. Er wagte nicht, es abzuwischen.
»Er ist fort«, antwortete er, »und hat uns nicht gesagt, wohin er gegangen ist. Bitte, Sie können hier fragen, wen Sie wollen. Man wird es Ihnen bestätigen. Es ist die lautere Wahrheit.«
Der Zivilist tauschte einen raschen Blick mit den SS-Männern, seufzte, schüttelte den Kopf und setzte Vater den Zeigefinger auf die Brust. Er sagte nur noch ein Wort. Er sagte: »Mitkommen!«
Vater löste sich mit totenblassem Gesicht von der Wand. Es war ihm klar, daß dies der Abschied war, und er wollte nicht gehen, ohne Mutter zu umarmen, aber selbst das war ihm nicht erlaubt. Ein SS-Mann stieß ihm den Gewehrkolben in die Seite, und als Vater taumelte und sich krümmte, beförderte ihn ein anderer SS-Mann mit einem Tritt in den Hintern zur Tür hinaus.
Er war der einzige, den sie an diesem Tag aus unserem Haus mitnahmen. Am Abend ging wieder ein Transport, und wahrscheinlich war er dabei, denn wir haben ihn nicht wiedergesehen. Im übrigen war das für eine ganze Weile der letzte Transport.
Eine Woche später, als man anfing, vorsichtig aufzuatmen, tauchte Melech Bruszt wieder auf. Mutter lehnte es ab, mit ihm zu reden, aber es gab andere, die auf Mutters Gefühle keine Rücksicht nahmen, und so erfuhr man schließlich die jüngsten Neuigkeiten.
Sie waren sensationell. Adolf Eichmann hatte die Deportationen eingestellt und Budapest fluchtartig verlassen. »Das ist amtlich«, erklärte Herr Bruszt, »wenngleich noch keine Klarheit darüber herrscht, was dahintersteht. Man schließt nicht aus, daß dieser Mann aus Schweden, Wallenberg, dabei seine Hand im Spiel hat. Man munkelt, er soll Admiral Horthy, den Reichsverweser, dazu bewogen

haben, Eichmann des Landes zu verweisen. Und die Deutschen, weil sie sich wegen der für sie ungünstigen Frontlage nicht auch noch mit den Ungarn überwerfen wollen, finden sich damit ab.«

Der Bluthund war fort. An den Verhältnissen im Ghetto änderte sich dadurch zwar nichts, denn alle Gesetze und Einschränkungen blieben in Kraft, aber der unerträgliche Druck, der auf uns Tag und Nacht gelastet hatte, ließ nach. Man wagte sich wieder auf die Straße. Deutsche Uniformen waren nicht mehr zu sehen. Es gab auch keine Razzien mehr.

Heute sagen auch die Historiker, daß diese Gnadenfrist von ein paar Wochen, die uns da überraschend beschert wurde, Wallenbergs Verdienst ist. Sie nehmen an, daß er den Reichsverweser mit irgendwelchen Versprechungen geködert hat: auf Fürsprache bei den siegreichen Alliierten.

Die zweite gute Nachricht, die Herr Bruszt mitbrachte, war die, daß Ungarn mit der Sowjetunion über einen Separatfrieden verhandelte. Ein Abgesandter Horthys, der General Faragho, sei, um die Bedingungen der Kapitulation festzulegen, bereits nach Moskau geflogen.

Herr Bruszt war der Überzeugung, daß der Frieden unmittelbar bevorstand. Wir waren nur zu gern bereit, es ihm zu glauben.

Miriam Schweiger fährt sich mit dem Handrücken über die Augen und sieht mich dann fragend an.

»Nebbich!« sagt sie. »Sie wissen, womit die Deutschen den alten Horthy kleingekriegt haben?«

Ich weiß es, aber ich will es von ihr hören. Ich warte ab.

»Sie haben seinen Sohn gekidnappt«, sagt sie. »Sie haben seinen Sohn bewußtlos geschlagen, in einen Teppich gerollt und auf einen Lastwagen verladen.« Sie bekommt harte Augen. »Ich erwähne das, damit Sie die Regeln kennen, denen auch ein Mann wie

Raoul Wallenberg unterworfen war. Die Nazis schreckten vor nichts zurück. Sagte ich Ihnen schon, was sie mit Herrn Bruszt anfingen?«
Ich schüttelte den Kopf.

Eines Morgens, als die ersten zum Wasserholen kamen, hing Melech Bruszt am Galgen. Das war wohl im Oktober. Wenn mich nicht alles täuscht, war das am gleichen Tag, an dem Greta Geyer Prügel bezog.
Sie hatte wieder einmal das ganze Haus wegen ihres Joel verrückt gemacht, und nachts war ihr Gejammer in Schreikrämpfe übergegangen, so daß kein Mensch zum Schlafen kam, und als sie am anderen Morgen noch immer keine Ruhe gab, fielen ein paar erboste Frauen und Männer, die gerade vom Wasserholen zurückkamen, über sie her, nahmen ihr das Foto ab und richteten sie ziemlich schlimm zu.
Man muß das verstehen. Die Leute wollten endlich Ruhe haben. Sie alle hatten ihre eigenen Sorgen, Probleme und Tragödien, und ihre Nerven waren wie überspannte Klaviersaiten. Auch Mutter, als sie dazukam und dazwischenging, bekam einiges ab. Und alles wäre gewiß noch viel übler ausgegangen, wenn nicht plötzlich allenthalben in Budapest die Glocken zu läuten begonnen hätten, so daß die Leute von der Geyer abließen und zu den Fenstern stürzten.
Jetzt weiß ich's wieder: Alles das – Melech Bruszts Hinrichtung, das Verprügeln der Geyer und das Läuten der Glocken – geschah an ein und demselben Tag, an einem Sonntag Mitte Oktober.
Jemand kam atemlos ins Zimmer gestürzt und berichtete von einer Rundfunkansprache an das ungarische Volk, die Horthys neuer Ministerpräsident, der General Lakotos, vor einigen wenigen Minuten gehalten hatte.
»Ungarn hat kapituliert! Das ist der Friede! Wir haben nichts mehr zu befürchten!«
An diesem Tag war ganz Budapest außer Rand und Band.

Die Leute benahmen sich, als hätten sie nicht soeben einen Krieg verloren, sondern ihn vielmehr gewonnen. Auf allen Straßen wurde getanzt und gefeiert. Sogar Mutter tanzte. Sie nahm mich bei der Hand und zerrte mich hinter sich her in den fröhlichen Reigen. »Vorwärts, vorwärts, Miriam!« rief sie. »Vater wird glücklich sein, wenn er uns so sieht. Laß uns diesen herrlichen Tag auch in seinem Namen erleben!« Sie rief es und brach gleich darauf in Tränen aus.

Allenthalben auf den Straßen und Plätzen brannten die Scheiterhaufen. Die Juden waren aus dem Ghetto hervorgekommen und verbrannten ihre Kleider mit dem verhaßten gelben Stern. Sie sangen dabei und tanzten um die Flammen.

Man kann das nicht beschreiben. Man muß das erlebt haben. Es war wie eine Auferstehung, eine heilige Explosion. Die Scheiterhaufen brannten. Die Glocken läuteten. In der wiedereröffneten Synagoge wurden die alten Gesänge angestimmt. Wir befanden uns wie im Rausch.

Ungarn hatte kapituliert, der Frieden war da, der Bluthund hatte keine Macht mehr über uns Juden. Nach Jahren der Erniedrigung, der Demütigung, der Angst waren wir wieder vollwertige Menschen. Wir lachten, sangen und tanzten und verbrannten die Wahrzeichen unserer Schmach. Mit dem Läuten der Glocken kehrte das Leben zu uns zurück. Wir waren Tote auf Abruf gewesen. Nun waren wir wieder lebendige Menschen. Kein Auschwitz wartete mehr auf uns.

Die Euphorie mag zwei, drei Stunden gedauert haben – dann tauchten auf einmal bewaffnete Pfeilkreuzler-Verbände auf, und das Schießen ging los. Der von den Deutschen angezettelte Putsch, mit dem das Horthy-Regime gestürzt wurde, war angelaufen. Pfeilkreuzler und horthytreue Gendarmerie- und Polizeitruppen lieferten einander erbitterte Gefechte.

Als es Abend wurde, war Budapest fest in der Hand der Pfeilkreuzler, sie waren an der Macht, und damit kehrte

auch Adolf Eichmann zurück und nahm sein blutiges Handwerk wieder auf. Diesmal – wir bekamen es rasch zu spüren – wollte er zu einem Ende kommen, bevor die Russen zur Stelle waren, um ihn endgültig aus Ungarn zu vertreiben, und um das Wettrennen gegen die Zeit nicht zu verlieren, überließ er es den ungarischen Nazis, ihm beim Ausrotten der Juden behilflich zu sein.
Zu den ersten Maßnahmen, die das neue Pfeilkreuzler-Regime traf, gehörte das Verhängen einer zehntägigen Ausgangssperre für alle Juden. Das Ghetto war damit vollends zum Konzentrationslager geworden, denn wer sich auf der Straße blicken ließ – und sei es nur, um Wasser zu holen –, wurde sofort erschossen. Aber auch hinter verschlossenen Türen gab es keine Sicherheit. Haus für Haus, Block für Block und Straße für Straße wurden für den Abtransport geräumt. Die Pfeilkreuzler arbeiteten Tag und Nacht. Bis zu zwölftausend Menschen täglich wurden nun in die Züge gestopft, deren Bestimmungsort Auschwitz war. Und weil auch das Eichmann noch nicht schnell genug ging, erhielten die Pfeilkreuzler freie Hand, sich nach Belieben auszutoben.

»Sie waren doch dabei! Sie müssen sich daran erinnern!« sagt Miriam Schweiger. »Auch wenn Sie damals ein Kind gewesen sind – das kann Ihnen unmöglich entfallen sein.«
Ich hebe hilflos die Schultern. Sie verlangt zu viel von mir. Meine Erinnerung besteht aus verschwommenen Bildern. Wie alt muß man sein, um sich konkret zu erinnern: sechs, fünf, vier? Vielleicht war ich drei.
Sie steht auf, geht zur Bücherwand und kehrt mit einem schmalen Band zurück. Die Seite, auf die es ihr ankommt, ist aufgeschlagen. Ich lese:
Wie eine Meute hungriger Wölfe stürzten sich die Pfeilkreuzler schon am ersten Tag auf ihre Opfer. Morde, Massenverhaftungen und wildes Plündern

überfluteten die ungarische Hauptstadt. In den Gassen türmten sich die Leichen hingemordeter Juden.
Ich blicke auf. Sie starrt auf die aufgeschlagene Seite wie auf eine schreckliche Vision und sagt mit leiser Stimme: »Worte können das nicht wiedergeben. Wissen Sie, was ein Blutbad ist? Ein toter Jude ist kein Blutbad, zwei tote Juden sind kein Blutbad, auch keine zwanzig, dreißig. Aber wenn sich das Blut schäumend im Rinnstein sammelt...« Sie bricht ab und schlägt vor, wir sollten erst einmal Kaffee trinken.
Wir trinken Kaffee und unterhalten uns über belanglose Dinge. Irgendwann, übergangslos, fährt sie fort:

Daß wir davongekommen sind, haben wir Wallenberg zu verdanken.
Zunächst jedoch wurde Mutter geholt. Ich weiß nicht, nach welchem System Eichmann seine Transporte zusammenstellte. Eines Morgens jedenfalls hieß es für das ganze Haus: »Alle Frauen über achtzehn – raus!« Die Männer, die Kinder, die halbwüchsigen Mädchen blieben an diesem Tag verschont. Ein reiner Frauentransport wurde zusammengestellt. Mutter stand auf, zog sich wortlos an, umarmte mich und machte sich auf den Weg.
Es war ein Abschied ohne Tränen. Man hatte bereits zu oft geweint. Und überdies war da stets einer in Uniform zur Stelle, der einen antrieb: »Los, los! Beeilung, Beeilung, ihr Judensäue! Vorwärts!« Die Pfeilkreuzler waren diesbezüglich vielleicht noch schlimmer als die Deutschen. Auf jeden Fall taten sie alles, um ihre deutschen Auftraggeber an Grausamkeit zu übertreffen. Wo ein SS-Mann einmal zuschlug, schlugen sie zwei- und dreimal zu.
Mutter und ich machten einander nichts vor. Wir wußten, daß es sich um einen endgültigen Abschied handelte. Daran war nichts zu ändern. Alle erwachsenen Frauen waren aufgerufen, und es durfte nur zurückbleiben, wer sich aus eigener Kraft nicht fortbewegen konnte, die

Kranken und die Siechen. Dazu gehörte auch Greta Geyer, die noch immer unter ihrer Tracht Prügel litt. Infolge der Kriegslage fehlte es Eichmann an Lastwagen. Die für Auschwitz bestimmten Opfer mußten den Weg zum Versandbahnhof zu Fuß antreten.
Zuerst der Vater, nun die Mutter. Ich stand am Fenster, blickte dem Elendszug hinterher und fand mich damit ab, zur Vollwaise geworden zu sein. Das klingt hart. Aber nicht ich war hart, sondern die Verhältnisse waren das. Ich fing lediglich an, mich an den Tod zu gewöhnen. Das Schicksal, den Uniformierten zu folgen, blieb keinem erspart. Auch für mich würde die Stunde kommen.
Ich dachte daran, wie Mutter mit mir auf der Donaubrükke getanzt hatte, als die Glocken läuteten und allenthalben die Freudenfeuer brannten. Ich sah vor mir ihr erhitztes, glühendes Gesicht, das selbst wie eine Flamme war: die Flamme des Lebens. Und so, sonderbarerweise, nicht anders, behielt ich sie in Erinnerung – falls ich überhaupt etwas in Erinnerung behielt, denn es mag auch sein, daß ich ganz einfach in Apathie versank: um nichts mehr zu sehen, nichts mehr zu hören, nichts mehr zu wissen.
Irgendwann vernahm ich Mutters Stimme. Sie rief mich beim Namen: »Miriam!« Und noch einmal: »Miriam! Was ist denn? Komm zu dir!« Und als ich gehorchte und zu mir kam, war sie wieder da.
Sie war nicht die einzige Frau, die zurückkehrte; insgesamt mögen es wohl an die vierzig Frauen gewesen sein. Raoul Wallenberg war bei ihnen.
Inzwischen weiß ich, daß das Raoul Wallenberg war. Damals sah ich lediglich einen nicht sehr großen Mann mittleren Alters, mit dunklen Augen und vorzeitig gelichtetem Haar. Er hielt einen aufgeschlagenen Schreibblock in der Hand und stritt sich lautstark mit einem verunsicherten Pfeilkreuzleroffizier, der seinerseits eine Liste mit Namen studierte.
Mutter raunte mir zu, ich sollte ein paar Sachen zusammenpacken: wir würden in die Phönixstraße übersiedeln,

in den Schutz der schwedischen Gesandtschaft. Im übrigen sollte ich keine Fragen stellen, es hätte alles seine Richtigkeit. Ich begriff, daß sie in Anwesenheit des Pfeilkreuzleroffiziers keine Erklärungen abgeben wollte, und half ihr, unsere wichtigsten Habseligkeiten zu bündeln.

Wallenberg hatte seine Helfer mitgebracht. Sie begleiteten uns bis zu den Lastwagen am Ende der Straße und achteten darauf, daß die Pfeilkreuzler uns unbehelligt abziehen ließen. Außer uns, die wir uns anschickten, das Ghetto zu verlassen, und den Pfeilkreuzlern war niemand auf der Straße, denn noch immer galt das Gesetz der Ausgangssperre.

Die Schweden waren mit zwei Lastwagen gekommen. Einer war schon voll und machte sich auf den Weg. Wir kletterten in den zweiten, und schließlich war auch dieser bereit zum Abfahren, aber bevor er sich in Bewegung setzen konnte, kam eine von Wallenbergs Helferinnen mit einem Kind gerannt, das sie uns reichte. Mutter nahm es an sich, einen vielleicht vierjährigen Jungen.

Auf einmal, gerade als unser Lastwagen anrollte, tauchte Greta Geyer auf. Sie sah das Kind, das Mutter im Arm hielt, streckte danach die Hände aus, rief es beim Namen, rief: »Joel!«, und rannte auf der verbotenen Straße hinter dem Lastwagen her. Die Pfeilkreuzler erschossen sie vor unseren Augen.

Sie schweigt, ich schweige. Sie hat sich eingesponnen in ihre Erinnerungen, ich in meine Gedanken.

Wie ein Echo der Vergangenheit rumoren Schüsse in der Ferne. Ich denke an eine Mutter, die von Kugeln durchsiebt wurde, weil sie zu ihrem Kinde wollte.

War ihre Stimme sanft wie die in meinen Träumen?

Die Fensterscheiben klirren, als nicht allzu weit von uns entfernt die Artillerie das Feuer eröffnet.

Miriam Schweiger seufzt und sagt: »Nichts, was uns angeht. Das ist nur der Libanon. Habe ich Ihnen eigentlich schon gezeigt, wo die Grenze verläuft? Das ist eine Welt ohne Frieden, finden Sie nicht?«
So ist es. Ich hätte gern gewußt, weshalb das so ist. Was ist aus der besseren Welt geworden, die man über den Gräbern der Eichmanns errichten wollte? Die Welt ist noch immer voller Ghettos. Die Welt ist noch immer voller Pfeilkreuzler. Die Welt quillt über von Menschen, die sich die schwarzen Stiefel anziehen als ein Recht zu töten.
Miriam Schweiger sagt: »Man gewöhnt sich daran. Oder ist es Ihnen lieber, daß ich das Fenster schließe?«
Ich werde mich nie daran gewöhnen. Auch nicht bei geschlossenem Fenster. Ich will mich nicht daran gewöhnen. Ich frage: »Und was ist aus Joel geworden?«
Sie hebt die Schultern. »Er kam in die Phönixstraße. Mehr kann ich nicht sagen. Wahrscheinlich hat er's überlebt. Wenn er unter den toten Kindern des Weihnachtsmassakers gewesen wäre, hätte ich's eigentlich erfahren müssen.«
Greta Geyer hatte ein Bild von ihm. Greta Geyer ist tot. Das Bild existiert nicht mehr. Ich stehe auf.
»Wo wollen Sie hin?« fragt Miriam Schweiger.
»Zurück«, sage ich, »es ist spät.«
»Womit?«
»Ich kann mir ein Taxi nehmen.«
Sie schüttelt den Kopf.
»Es ist dunkel. Ich sagte doch: das ist Grenzgebiet. Wir haben Sperrstunde.«

7. Kapitel

Eliahu Salomon
Mit dem Bluthund um die Wette

... wir gedenken ... des größten Helden
jener entsetzlichen Tage des Schreckens,
des Königlich-Schwedischen Legationssekretärs
Raoul Wallenberg, der es wagte,
einer Zwangsregierung und ihren bis an die Zähne
bewaffneten Handlangern zu trotzen.

DR. JÓSZEF KATONA
LAJOS STÖCKLER
DR. JÓSZEF NAGY

In dieser geschichtlichen Auseinandersetzung
ist jeder Jude unser Feind.

DR. JOSEF GOEBBELS

... auch Ihr schwedischer Diplomatenpaß
kann Sie nicht vor allem schützen.
Selbst einem neutralen Diplomaten
kann ein Unfall zustoßen.

ADOLF EICHMANN
zu Raoul Wallenberg

Eigentlich haben wir uns für den Abend verabredet, bei ihm zu Hause, doch mittlerweile hat er angerufen und mich wissen lassen, daß er an diesem Abend verhindert sei und ob es mir recht wäre, am Nachmittag, um 16.15 Uhr, zu ihm in die Botschaft zu kommen. Er arbeitet schon seit über drei Jahren als Kulturattaché in Bonn.
Mir bleibt gerade noch Zeit für einen Besuch des Beethovenhauses, dann muß ich mich auch schon auf den Weg machen. Das Taxi fährt die Straßen entlang, durch die am Montag der Karnevalszug gezogen ist. Ich sah ihn im Fernsehen. Der Taxifahrer dreht sich um, grinst und sagt etwas, was ich nicht verstehe. Er stammt aus der Türkei, und sein Deutsch ist für meine Ohren zu holperig.
Ich brauche nicht zu warten. Eliahu Salomons Sekretärin holt mich ab und geleitet mich nach oben. Er ist noch damit beschäftigt, einen Besucher zu verabschieden. Der Besucher erzählt, mit rheinländischem Dialekt, einen Witz. Eliahu Salomon lacht und schlägt ihm auf die Schulter. Der Besucher geht.
Auf Eliahu Salomons Schreibtisch liegen ein paar Bücher: Deutsche Autoren. Er bemerkt meinen Blick und sagt: »Was wollen Sie – daß die Zeit bei Auschwitz stillsteht? Die Erde dreht sich, mein Lieber.« Ich glaube, er kann Gedanken lesen. Er reicht mir die Hand und drückt mich in einen bequemen Sessel.
Er sieht jung aus für sein Alter, straff und sportlich, und er trägt einen sündhaft teuren italienischen Anzug. Bei seiner Sekretärin bestellt er Kaffee. Dann mustert er mich.
»Ich überlege, ob ich Sie schon einmal gesehen habe«, sagt er, »damals in Budapest. Es ist wirklich schwer zu sagen.«
Er steht auf, geht um mich herum, betrachtet mich

von allen Seiten und hebt die Schultern. »Wirklich, schwer zu sagen. Der Joel, den ich damals kannte, war noch keine zehn. Vielleicht war er acht oder neun...«

Wenn Wallenberg mich nicht unter einem Vorwand aus dem Transport geholt hätte, wäre ich in Auschwitz gelandet. So landete ich in der Phönixstraße und war noch einmal davongekommen. Und weil ich das Verlangen verspürte, mich nützlich zu machen, kam ich schon bald zu Reszö Grosz und seinen Leuten, die in Wallenbergs Auftrag für die Sicherheit der Häuser zuständig waren, zur Schutztruppe.
Am Anfang haben wir nicht mehr gehabt als unseren guten Willen und ein paar Knüppel, doch mit der Zeit fand Wallenberg immer neue Kanäle, um für uns die entsprechende Ausrüstung zu besorgen, so daß wir im Spätherbst eine durchaus respektable Ordnungsmacht darstellten. Rechtlich war alles in Ordnung, solange wir das der schwedischen Gesandtschaft zugeschlagene Gebiet der Phönixstraße nicht verließen, für das das ungarische Gesetz nicht zuständig war und das auch von den Deutschen nicht betreten werden durfte. In der Phönixstraße hatten wir regelrecht Polizeigewalt. Es gab ja auch interne Zwistigkeiten, Reibereien und Unredlichkeiten, die man im Interesse der Allgemeinheit nicht einfach durchgehen lassen durfte. Aber im Prinzip ging es doch darum, im Notfall das Gesandtschaftsterritorium wirksam verteidigen zu können. Für diese Aufgabe war die Schutztruppe ins Leben gerufen worden.
Eines Tages sagte Grosz, wir sollten uns seelisch darauf einrichten, auch außerhalb der Phönixstraße – illegal also – aktiv zu werden, und das kam bei uns jungen Burschen, die alle vom Warschauer Ghettoaufstand gehört hatten, gut an. Es war die Zeit, als die Deportationszüge Tag und Nacht rollten. Wallenberg, sagte Grosz, sei entschlossen, Eichmanns Mordaktion mit allen Mitteln zu sabotieren,

und für diesen guten Zweck lägen für uns nicht nur hinreichend Waffen bereit, sondern auch die verschiedensten Uniformen.
Mit den Waffen lernten wir dann rasch umzugehen, zum Teil unter der Anleitung von Wallenberg selbst, der in Schweden Offizier der Reserve war, zum Teil unter der von Grosz, der in der ungarischen Armee gedient hatte, bis man ihn, weil er Jude war, davonjagte. Beide brachten uns nicht nur den Umgang mit der Waffe bei, sondern auch diszipliniertes Verhalten. Die SS nahm für sich in Anspruch, die besten Soldaten der Welt zu stellen. Wir waren vom Ehrgeiz besessen, noch besser zu sein. Wir wollten es diesem Bluthund zeigen, daß es ein großer Fehler war, uns zu verachten. Und ein paarmal haben wir es ihm dann auch tatsächlich gezeigt.
Als dann im Oktober zum ersten Mal die Front zu hören war, war das für uns durchaus nicht nur Anlaß zur Freude, sondern auch Ansporn zu raschem und entschlossenem Handeln. Uns war klar, daß auch Adolf Eichmann die Signale begriff und sie zum Anlaß nahm, seine Anstrengungen zu verdoppeln und zu verdreifachen.
In den Häusern vibrierten die Fensterscheiben, und als wir hinausstürzten auf die Straße, lag da ein dumpfes Grollen in der Luft. Die Rote Armee ließ uns wissen, daß sie im Anmarsch war. Als es dunkel wurde, sah man das Mündungsfeuer ihrer Geschütze als fernes Wetterleuchten über dem Horizont.
In dieser Nacht hat in der Phönixstraße wohl keiner geschlafen. Wir redeten, wir diskutierten, wir berauschten uns an den Trommeln der Nacht, die für uns Freiheit bedeuteten, Menschenwürde, das Ende der Verfolgung. Ein Rabbiner sprach auf der Straße ein Gebet für die russischen Soldaten, die den nazistischen Unhold vor sich her trieben. Zionistische Lieder wurden gesungen. Kurz: wir waren außer Rand und Band.
Dann jedoch begannen die Deutschen mit ihren Vorbereitungen zur Verteidigung von Budapest, und wir mußten

einsehen, wie verfrüht unsere Freude gewesen war. Der Krieg konnte noch Wochen und Monate dauern, und Eichmann würde jede Stunde davon nützen, um seine Abnehmer in Auschwitz zufriedenzustellen.

Um diese Zeit war es, daß Joel in der Phönixstraße auftauchte. Wenn mich nicht alles täuscht, stammte er aus Galizien, aus der Gegend von Przemysl, und hatte auf der Flucht seine Eltern verloren. Danach hatte er eine Weile bei irgendwelchen Leuten im Ghetto gelebt, und als auch diese abtransportiert wurden, war er über die von der Schwedin Asta Nilson geleitete Organisation »Rettet die Kinder« in die Phönixstraße eingeliefert worden. Er war ein pfiffiges kleines Kerlchen mit einem impertinenten Mundwerk.

Der Himmel weiß, weshalb er ausgerechnet mich ins Herz schloß. Mag sein, daß ich ihn an jemanden aus seiner Familie erinnerte. Auf jeden Fall war er alsbald auf Schritt und Tritt hinter mir her, wie ein junger Hund, und ließ sich nicht vertreiben. Mit der Zeit fand ich mich damit ab, denn wenn er mir auch manchmal auf die Nerven ging mit seiner Zudringlichkeit und seiner mich bestürzenden Zutraulichkeit, so fühlte ich mich durch seine Anhänglichkeit doch auch geschmeichelt und gerührt.

Daß er bei mir einzog, ergab sich ganz von selbst. Eines Abends war er da, mit Sack und Pack, hatte seine Decke neben der meinen ausgebreitet und grinste mich, als ich ins Zimmer trat, verschlafen an. Ich brachte es einfach nicht übers Herz, ihn zum Teufel zu jagen. Ich hatte ja keine Ahnung, daß das – ihn gewähren zu lassen – einer Adoption gleichkam. Von diesem Augenblick an war ich Joels Eigentum: Vater, Bruder, Spielgefährte – alles in einem.

Ich nutze die Gelegenheit, als Eliahu Salomon Kaffee einschenkt, um mich zu erkundigen: »Wie sah er aus?«

Eliahu Salomon reicht mir Sahne und Zucker. »Wie?

Klein, mager, ein wahrer Quirl. Dunkel wie Sie. Ich habe mich oft gefragt, was wohl aus ihm geworden ist.« Er hat ein paar vergilbte Fotos aus jenen Tagen zurechtgelegt. Eines davon zeigt ihn in der Uniform eines ungarischen Gendarmen.

Eines Tages war es dann soweit. Wir probierten die verschiedensten Uniformen durch, um ein Gespür für sie zu bekommen, denn ein Polizist in Uniform benimmt sich anders als ein Pfeilkreuzler in Uniform und dieser wiederum anders als ein deutscher Soldat oder SS-Mann.
Wallenberg hatte beschlossen, das Ghetto, in dem infolge der Wassernot schier unbeschreibliche Zustände herrschten, auf eigene Faust wieder an das kommunale Wassernetz anzuschließen. Er hatte erstklassige Vorarbeit geleistet und war bereits darüber im Bilde, wo genau wir den Hebel anzusetzen hatten. Mit einem Stück Kreide entwarf er auf einer hochgestellten Tischplatte eine exakte Skizze. Das alles, sagte er, sei eine Angelegenheit für Freiwillige, und niemand, der sich nicht traute, brauchte daran teilzunehmen. In der Tat war der Handstreich, den er sich hatte einfallen lassen, einer von der dreisten Art, und man konnte nicht vorhersagen, wie alles laufen würde. Grosz übernahm die praktische Ausführung und teilte uns ein. Nach einem Bombenangriff machten wir uns auf den Weg – zunächst zu einem schon seit geraumer Zeit ausgebombten Haus in unmittelbarer Nachbarschaft, dessen solider Keller, zu dem wir uns Zugang verschafft hatten, für unsere Zwecke einen hervorragenden Stützpunkt abgab. Hier bekam ich Ärger mit Grosz, weil ich nicht darauf geachtet hatte, daß Joel mir wie ein Schatten gefolgt war. Nun bettelte er darum, mit von der Partie sein zu dürfen. Grosz zürnte mir zu Recht. Es konnte leicht zu einer Schießerei kommen, und Kinder waren dabei fehl am Platz. So sehr Joel mich auch bestürmte – ich mußte ihn zurückschicken.
Grosz sagte zu mir: »Eliahu, wenn das noch einmal

passiert, sind wir geschiedene Leute. Es ist schon schlimm genug, daß der Bengel jetzt über diesen Keller Bescheid weiß. Kinder sind geschwätzig.«

Grosz kanzelte mich vor allen meinen Kameraden regelrecht ab, und ich widersprach ihm nicht. Der Feind hatte keine Ahnung von unseren Uniformen und Waffen, und nur solange es uns gelang, dieses Geheimnis zu wahren, konnten wir damit erfolgreich sein. Ob mir überhaupt klar sei, fragte Grosz, daß wir hier kein Indianerspiel veranstalteten, sondern Verantwortung trügen für unzählige Menschenleben. Eichmann lauere doch auf einen Anlaß, um über die Phönixstraße herzufallen.

Danach wurden die ungarischen Polizeiuniformen und Karabiner ausgegeben, und wir machten uns fertig. Als wir uns dann auf den Weg machten, waren wir von echten ungarischen Gendarmen nicht zu unterscheiden, und ungarisch war auch unsere Sprache. Wer sie nicht fließend beherrschte, hielt den Mund. Als einmal ein jiddisches Wort fiel, fuhr Grosz sofort dazwischen.

In Sichtweite der Synagoge machten wir uns an die Arbeit. Der Bombenangriff lieferte uns den Vorwand, um eines angeblichen Blindgängers wegen die Straße zu sperren, und während die meisten von uns, mich eingeschlossen, an den beiden Kreuzungen Wache schoben und den Verkehr umleiteten, rissen unsere Spezialisten das Pflaster auf, unter der die blockierte Wasserleitung verlief.

Ausgerechnet an diesem Tag traf eine Vorausabteilung der SS-Division »Feldherrnhalle« ein. Die Deutschen wollten sich von ungarischen Polizisten nichts sagen lassen und bestanden auf freier Durchfahrt, und erst als Grosz hinzukam und ihnen mit Blick auf die schweren Halbkettenfahrzeuge klarmachte, daß man es mit einem neuartigen Zünder zu tun hätte, so daß er für nichts garantieren könnte, waren sie bereit, den von uns angezeigten Umgehungsweg zu benutzen.

Das war ein wahrhaft kritischer Augenblick, denn wenn die Deutschen uns durchschaut hätten, wäre das unser sofortiges Ende gewesen, aber Grosz war zum Glück ein kaltblütiger Mann, der nicht die Nerven verlor. Er war so überzeugend, daß ihm der anfangs wütende SS-Offizier zum Zeichen der Versöhnung sogar eine Zigarette anbot. Grosz rauchte sie nur so lange, wie der Spender in Sicht war. Als der feldgraue Mercedes um die Ecke bog, trat er sie aus.

Wir hoben die Straßensperre wieder auf, nachdem unsere Spezialisten ihre Arbeit getan hatten, und kehrten wohlbehalten in die Phönixstraße zurück.

Wallenberg erschien persönlich, um uns seinen Dank auszusprechen und jedem einzelnen von uns die Hand zu drücken. Er war im Smoking, und als er unsere verwunderten Blicke bemerkte, lachte er und sagte, er sei zum Abendessen mit Adolf Eichmann verabredet.

Anfangs hielten wir das für einen Scherz, doch allmählich dämmerte uns, daß er uns nichts vormachte. Deutsche und Schweden, sagte er, seien miteinander schließlich nicht im Krieg, so daß gewisse diplomatische Umgangsformen gewahrt werden müßten, und so hätte Lars Berg in seinem Haus zu einer kleinen Gesellschaft geladen, an der auch der SS-Obersturmbannführer teilnähme.

An diesem Abend war das Rumoren der Front besonders laut zu hören. Wallenberg machte uns darauf aufmerksam und sagte: »Ich werde Eichmann fragen, ob ihm die Tafelmusik gefällt.« Danach stieg er in seinen Studebaker und ließ sich nach Buda fahren.

Grosz beruhigte uns. Wallenberg ging kein Risiko ein. Als Eichmann den Wunsch geäußert hatte, Raoul Wallenberg persönlich kennenzulernen, hatten die Schweden den Spieß geistesgegenwärtig umgedreht und eine Zusammenkunft auf ihrem eigenen Gesandtschaftsterritorium arrangiert. Eichmann blieb nur noch übrig, die Einladung anzunehmen, wollte er nicht das Gesicht verlieren. Wohl um dem Abendessen die besondere Würze zu geben, hatte er ausgerechnet an diesem Tag, während wir uns um die Wasserleitung kümmerten, ohne Rücksicht darauf, daß die Russen mittlerweile sämtliche Schienenwege zerbombt hatten, wieder etliche Massenverhaftungen vornehmen lassen. Man mußte sich fragen, welche neue Teufelei er im Schilde führte.

Wie viele andere war ich damals der Ansicht, daß Eichmann, falls die Bombardements weitergingen, wohl oder übel aufgeben müßte, weil auf den notdürftig geflickten Geleisen der Nachschub für die Front absoluten Vorrang hatte, so daß für seine für Auschwitz bestimmten Güterzüge kein Durchkommen war. Jede russische Bombe, die auf den Schienenweg fiel, dünkte mich wie ein Sieg, und wie so viele ließ ich es mir nicht einfallen, daß man für das Gas bestimmte Menschen auch anders transportieren konnte als mit Güterzügen und mit Lastwagen.

Daß Joel fehlte, stellte ich erst fest, als ich zu Bett gehen wollte. Ich zog mich wieder an und klapperte die Phönixstraße ab, ohne ihn zu finden. Als ich ihn in der Frühe heimgeschickt hatte, waren mir keine Bedenken gekommen, denn es handelte sich lediglich um einen kurzen Weg, und in der unmittelbaren Nähe der Phönixstraße hatte es schon seit Wochen keine Razzien und Festnahmen mehr gegeben, weil das für die Deutschen und Ungarn, sobald sie sich an unseren Leuten vergriffen, regelmäßig ein übles Nachspiel gegeben hatte. Wallenberg ließ nicht eher locker, als bis man ihm seine Schützlinge wieder überantwortet hatte.

Ich trommelte Grosz aus dem Schlaf, doch statt mir erneut Vorwürfe zu machen, wie ich erwartete, klagte er sich selbst an: »Ich hätte daran denken müssen! Ich hätte ihn fesseln und knebeln sollen – dann hätten wir ihn auf dem Rückweg immer noch einsammeln können. Es ist meine Schuld. Ich hätte daran denken müssen. Falls sie ihn wirklich aufgegriffen haben, ist das eine Katastrophe.«

Wir suchten noch einmal alle in Frage kommenden Örtlichkeiten ab und befragten die Leute. Danach bestand kein Zweifel mehr: Joel war nicht zurückgekehrt.

Einstweilen konnten wir nichts unternehmen, und so

kamen wir überein, am nächsten Morgen Wallenberg einzuschalten. Er war der einzige, der in dieser Angelegenheit mit einiger Aussicht auf Erfolg intervenieren konnte.
Inzwischen war die Nacht fast vorüber, und es wurde Zeit, an die Konsequenzen eines möglichen Verrats zu denken und unseren vorgeschobenen Stützpunkt zu räumen. Grosz ging dabei kein Risiko ein. Er jagte gleich zwei Lastwagen los: einen für den Abtransport der Waffen und Uniformen, den anderen zur Sicherheit hinterher, besetzt mit etlichen unserer besten Schützen. Seine Sorge war zum Glück überflüssig. Die Lastwagen kehrten unangefochten zurück.
Wallenberg war, als er vom Verschwinden Joels erfuhr, sofort bereit, alle andere Arbeit zurückzustellen und sich auf die Suche zu machen, und weil er die Methoden und Tricks seiner Widersacher kannte, forderte er mich auf, ihn zu begleiten, um Joel nötigenfalls zu identifizieren.
Langfelder, gewöhnlich sein Chauffeur, fehlte an diesem Vormittag, und ein gewisser Dobkin – Perez Dobkin, kann sein – saß hinter dem Steuer des Studebakers.
Unser Ziel war, da die meisten der auf der Straße aufgegriffenen Juden zunächst in ungarischem Gewahrsam gesammelt wurden, das benachbarte Polizeirevier. Auf dem Weg dorthin kamen Wallenberg und Dobkin ins Gespräch. Es ging um den vorhergehenden Abend. Dobkin wollte wissen, wie Eichmann sich betragen hätte, und Wallenberg erwiderte: »Wenn Sie meinen, ob er mit Messer und Gabel umgehen kann – das kann er. Er hat sich benommen wie ein Gentleman. Andererseits wird er, sofern sich ihm Gelegenheit bietet, mich umbringen. Er hat es mir ziemlich unverblümt angekündigt.«
Dobkin wiegte den Kopf: »Das wird er nicht wagen. Immerhin sind Sie Diplomat. Er blufft, um Ihnen Angst zu machen, versucht, sie einzuschüchtern.«
Wallenberg hob die Schultern. »Vielleicht haben Sie recht, und es war wirklich nur die Drohgebärde eines bereits

Geschlagenen. Für ihn und seine Kumpanen bricht jetzt die Götterdämmerung an.«
Auf dem Polizeirevier wurde Wallenberg mit der Begründung, er möge wiederkommen, sobald ein Offizier zur Stelle sei, auf einen ungewissen späteren Zeitpunkt vertröstet. Für den Augenblick war die Nachforschung damit blockiert.
Einer spontanen Eingebung folgend, beschloß Wallenberg, einen Gang durch das Ghetto zu machen. Da er mir die Wahl ließ, blieb ich bei ihm, während sich der Studebaker auf den Weg zur Tatrastraße machte.
Wallenberg war nach der Auseinandersetzung mit den ungarischen Beamten ziemlich erregt. Er sagte: »Wenn Joel noch in der Stadt ist, werden wir ihn finden. Nicht zuletzt ist das eine Frage des Prinzips. Wenn man einmal nachgibt, sind alle diese Schutzpässe bald das Papier nicht mehr wert, auf das sie gedruckt sind.«
Dann drehten wir uns um, weil hinter uns das Kreischen von Bremsen zu hören war, gefolgt von einem lauten Krachen.
Der schwere deutsche Militärlastwagen, der aus einer Seitenstraße gekommen war, hatte sich dem Studebaker tief in die Seite gebohrt.
Wallenberg und ich rannten los.
Der Studebaker war nur noch ein Haufen Schrott mit einer haushohen Dampfwolke über dem geborstenen Kühler. Dobkin lag blutend über dem Lenkrad.
Der deutsche Lastwagen war unversehrt geblieben. Er setzte zurück, wendete und raste davon. Wallenberg rief mir zu: »Hinterher! Bringen Sie mir die Nummer! Die Nummer!« Es war vergebens. Nach fünfzig Metern mußte ich aufgeben. Der Lastwagen war zu schnell.
Wallenberg hatte inzwischen Dobkin aus dem Studebaker gezogen und auf das Pflaster gelegt. Man sah es auf den ersten Blick: Dobkin war tot.
»Keine Nummer«, sagte ich. Wallenberg dachte lange darüber nach. Er war tief erschüttert. Schließlich sagte er:

»Ich habe nicht erwartet, daß es so rasch passieren würde. Es war mein Fehler, ihn zu unterschätzen.«
Das Polizeirevier telefonierte einen Leichenwagen herbei. Das Abschleppen des Studebakers überließ man uns. Im übrigen, meinte der Beamte, könnte er, da es sich um Deutsche handelte, nicht viel unternehmen – und überhaupt nichts ohne Kenntnis des Kennzeichens. »Wir sind im Krieg, Herr Wallenberg«, sagte er, »und Sie wissen ja, wie das Militär in solchen Zeiten ist. Da wird nicht viel Rücksicht genommen.«
Der zuständige Offizier war nach wie vor nicht zur Stelle, so daß die Sache mit Joel weiter in der Schwebe blieb. Wallenberg bat um die Erlaubnis, in der Gesandtschaft anzurufen, und eine Viertelstunde später war Langfelder mit dem Fiat zur Stelle und holte uns ab.

Eliahu Salomon will wissen, ob ich noch eine Tasse Kaffee will oder lieber einen Kognak. Er will lieber einen Kognak, und ich schließe mich ihm an.
»Ich glaube, wir wurden abgeholt«, sagt er, »vielleicht sind wir auch zu Fuß gegangen. Wissen Sie, das Ganze ist ziemlich lange her. Man vergißt.«
Wir blicken uns über den Fingerbreit Bernstein in den Gläsern an und wissen voneinander, daß wir das gleiche denken. Wir denken, daß wir ein geschenktes Leben führen.
»Und Joel?« forsche ich behutsam. »Ich nehme an, Sie wissen nicht, was aus ihm geworden ist.«
»Das ist richtig«, bestätigt er. »Später habe ich ihn tatsächlich aus den Augen verloren, im Januar Fünfundvierzig, als endlich die Russen kamen.«
Mir fällt plötzlich auf, daß er immer wieder meine Hände mustert. Sein Interesse macht mich irgendwie verlegen.

In der Nacht nach dem Unfall gab es für die Schutztruppe Alarm, und Wallenberg und Grosz gingen die Reihen ab

und suchten die Leute aus, die am wenigsten jüdisch aussahen. Zum Schluß hatten sie zwölf Mann zusammen, die allesamt so germanisch aussahen, als wären sie soeben dem Nibelungenlied entstiegen. Ich war einer davon: ein Meter achtzig groß, blond, blauäugig. In der SS-Uniform, die ich verpaßt bekam, sah ich aus wie Hitlers Leibwächter in Person. Als ich mich im Spiegel betrachtete, mußte ich anfangs lachen. Ich war genau das, was diese Himmlers und Sauckels und Goebbels so gerne sein wollten: der arische Prototyp, der Cherusker wie aus dem Bilderbuch. Auf das Lachen folgte das Schaudern.
Und so wie ich war unsere ganze Truppe beschaffen. Wir waren die blondeste und blauäugigste SS, die man sich denken konnte. Drei oder vier von uns sprachen fließend Deutsch, der eine sogar mit Wiener Dialekt. Wallenberg, gleichfalls in SS-Uniform, übernahm selbst das Kommando. Er verteilte Zigaretten und weihte uns ein.
Ihm sei zu Ohren gekommen, sagte er, daß Eichmann neuerdings die Budapester Polizeireviere als zusätzliche Sammellager benutze, weil er sich mit der Absicht trüge, die noch vorhandenen Juden, bevor die Russen kämen, zu Fuß zur deutschen Grenze zu treiben, von wo aus man sie dann weiterverfrachten würde. Auch sollte er Anweisung gegeben haben, sich nicht länger um die schwedischen Schutzpässe zu kümmern. Wir stünden daher am Anfang einer Reihe von Aktionen, die darauf angelegt seien, Eichmanns Vorhaben nach Kräften zu sabotieren.
Der erste Einsatz galt dem benachbarten Revier, in dessen unmittelbarer Nähe sich der Unfall ereignet hatte. Nachdem es dunkel geworden war, brachen wir auf.
Im Polizeirevier hatte man sich, wie üblich zu dieser Stunde, eingeriegelt. Wallenberg drückte auf die Klingel, und als die Klappe aufging, trat er in das Mondlicht, das die Totenköpfe auf unseren Mützen zum Blinken brachte, und sagte: »Machen Sie auf! Wir holen die Gefangenen.«
Der Anblick der SS-Uniform wirkte Wunder. Der ungarische Gendarm gehorchte, ohne viel zu fragen, und wir

traten ein. Ein verschlafener diensthabender Offizier versuchte so etwas wie Haltung anzunehmen, während er sich die Hose festhielt. Wallenberg ließ ihn nicht zur Besinnung kommen.

»Wie viele Juden sitzen bei Ihnen ein?« fragte er.

»Weiß nicht«, erwiderte der Offizier und schluckte. »Ich müßte erst zählen. Wir haben schon längst aufgehört, sie zu registrieren. Wozu auch? Aber wenn Sie darauf bestehen...«

»Lassen Sie das!« sagte Wallenberg. »Wir nehmen sie sowieso alle mit. Also, raus mit ihnen, aber ein bißchen plötzlich. In drei Minuten will ich sie draußen auf der Straße haben.«

»Jawohl!« sagte der Offizier. »Jawohl. Selbstverständlich.«

Als er losrannte, fingerte er noch immer an seiner Hose herum.

Wallenberg rauchte und wippte auf den Zehenspitzen. Er war sehr glaubhaft in seiner Rolle.

Keine fünf Minuten später wurden uns von den Ungarn tatsächlich sechsundsiebzig verhaftete Juden übergeben. Einer davon war Joel.

Eliahu Salomons Bericht hat mich zurückgeworfen in den Ozean meiner quälenden Fragen. Ich fühle mich krank, elend, wie im Fieber. Ich will etwas fragen. Es liegt mir auf der Zunge, aber als ich es aussprechen will, ist es nicht mehr da.

Eben noch sah ich es aufsteigen aus dem Nebel, aber noch bevor es zum Bild wurde, schlug der Nebel darüber wieder zusammen, und übrig blieb das vage Erinnern an ein bärtiges Gesicht, an eine sanfte Frauenstimme, an schwarze Stiefel.

»Wenn Sie wieder mal nach Bonn kommen«, sagt Eliahu Salomon, »schauen Sie getrost herein. Es hat mich sehr gefreut.«

Wie hat er doch gesagt? Man vergißt. *Das könnte die*

Medizin sein, die ich brauche. Doch um vergessen zu können, muß ich mich zuerst einmal erinnern, muß ich Antwort haben auf die Frage: Wer bin ich, Joel?

»Ich danke Ihnen für die Zeit, die Sie mir geopfert haben...«

Ich reiche ihm die Hand. Zu meiner Überraschung hebt er sie hoch und kehrt sie ins Licht.

»Es wird wohl ein anderer Joel gewesen sein«, sagt er. »Sie haben ihm, bevor wir ihn aus der Zelle holten, mit ihren Stiefeln die Hände zertreten. Zwei Finger mußten ihm abgenommen werden, die anderen sind steif geblieben...«

8. Kapitel

Sally Stern
Der Todesmarsch der Vierzigtausend

Wallenberg hatte eine Liste all der Pässe,
die wir ausgestellt hatten.
Er ging zu den Leuten und fragte:
»Hat jemand unter Ihnen einen schwedischen Paß?«
Dann bluffte er: »Sie da, Sie haben einen!
Und Sie! Und Sie auch!«
Auf diese Weise gelang es uns damals,
noch einige hundert mehr zurückzuholen.

PER ANGER

Beschwerde des Deutschen Auswärtigen Amtes
bei der schwedischen Regierung:
daß sich »Legationsrat Wallenberg in durchaus
unüblicher Weise für ungarische Juden eingesetzt hat,
die zum Grenzarbeitsdienst eingezogen waren;
es steht auch fest, daß dabei mit absolut
illegalen Mitteln versucht worden ist,
diese Juden unter Verteilung von Schutzpässen
der gesetzlich festgelegten Arbeitsverpflichtung
zu entziehen.«

gez.: v. ERDMANNSDORFF

Nach der Scheidung hat sie ihren alten Namen wieder angenommen. In Amsterdam betreibt sie ein modernes Antiquariat. Ich habe ihr drei oder vier Briefe schreiben müssen, bevor sie sich bereitfand, mir zu antworten: Wenn ich der Ansicht wäre, sie könne mir von Nutzen sein, dann würde sie sich nicht gegen meinen Besuch sträuben.
Jedoch nun, als sie mir die Tür öffnet, fürchte ich, sie würde mich von der Schwelle weisen. Sie zögert stumm, bis sie mich schließlich mit einem knappen Kopfnicken, das sie sich abringt, hereinbittet.
Sie ist eine große hagere Frau mit kurzgeschorenem Haar und männlich wirkenden Bewegungen. In allem, was sie sagt, in der Art, wie sie mich ansieht, liegt... nein, es ist nicht Feindseligkeit, es ist auch nicht Mißtrauen; es ist Abwehr. Ich bin ihr nicht genehm. Sie wahrt den Anstand, aber im Prinzip will sie von mir nichts wissen. Ich wühle etwas auf, was sie am liebsten vergessen möchte. Die Situation ist für beide Seiten peinlich.
Sie wohnt in einem Einzimmerappartement mit Blick auf ein Bürohaus. Die Einrichtung besteht aus einer Schlafcouch, einem Schrank, einem Tisch und den beiden Stühlen, auf denen wir sitzen. Auf dem Tisch steht eine altertümliche Büromaschine mit eingespannter Versandanzeige. Auf der Couch hat sich eine schwarzweiße Katze breitgemacht. Das gerahmte Rechteck an der Wand ist kein Bild, sondern ihr Diplom. Das Zimmer ist völlig schmucklos; es gibt darin keine Fotografie. Sally Stern hält ihre Vergangenheit hinter Schloß und Riegel. Sie greift mein Stichwort auf.
»Mein Vater«, sagt sie, »hieß Joel. Joel Stern. Er war Pianist. Er war nicht so berühmt, verstehen Sie, daß sich die Nachwelt seiner erinnert. Vielleicht hätte er die Begabung dazu gehabt, ich vermag es nicht zu beurteilen. Es ist auch müßig. Man hat ihm nie Gelegenheit gegeben, das unter Beweis zu stellen – Sie verstehen?«

Ich antworte, daß ich verstehe. Das ist nicht nur eine Floskel. Ich verstehe sie besser, als sie glaubt. Ich bitte sie, falls sie sich dazu überwinden kann, mir von jenem anderen Joel zu berichten, und sie erwidert: »Richtig, das ist es ja, was Sie überhaupt herführt! Dieser andere Joel! Wissen Sie, das war, als man uns zu Fuß zur Grenze trieb, auf dem Todesmarsch ...«

Es war das reinste Wunder: Die Russen standen vor den Toren der Stadt, und die Familie war noch immer vollzählig beieinander: Vater, Mutter, der fünfjährige Chaim und ich. Ich war damals sechzehn. Es hatte Deportationen gegeben, Mord und Totschlag, Plünderung, Vergewaltigung – von all dem waren wir verschont geblieben. Und als die Front näher rückte und man das Donnern der russischen Geschütze hören konnte, hatten wir allen Grund zu hoffen, daß das Glück uns auch weiterhin gewogen sein würde. Der Fall von Budapest zeichnete sich ab.
Die Russen hatten die Deutschen bereits so weit zurückgeworfen, daß man im Ghetto das Beben der Erde spürte, wenn die Schlacht wieder einmal einen ihrer Höhepunkte erreichte, und in den Nächten war der Himmel ein unruhiges Flammenmeer. Russische Flugzeuge kreisten fast pausenlos über der Stadt. Sie warfen Bomben oder rasten mit hämmernden Bordwaffen im Tiefflug über die Dächer. Der Bahnhof wurde getroffen.
Ich weiß nicht, wer das Gerücht aufbrachte, ich weiß nur, daß es plötzlich da war. Das Schlimmste ist überstanden, hieß es, Eichmann hat keine Züge mehr, alle Geleise sind zerbombt. Eichmann muß die Deportationen einstellen! Jetzt brauchen wir nur noch auszuharren, bis die Russen da sind! Durch das Ghetto ging es wie ein Aufatmen. Die letzten Wochen waren ein wahnwitziger Alptraum gewesen. Tag und Nacht hatte man die Leute aus den Häusern geholt und zu den für Auschwitz bestimmten Zügen getrieben, und die Pfeilkreuzlerhorden hatten geraubt und geplündert und gemordet. Nun schöpften wir Hoffnung.

Sogar eine Hochzeit fand statt. Tibor Bader, ein junger Hausgenosse, und Hannah Molnár, mit der ich mich angefreundet hatte, gingen in aller Form den Bund der Ehe ein. Der Rabbiner, der sie segnete, war so entkräftet, daß ihm die Stimme versagte. Fröhlichkeit, wie sie zu einer Hochzeit gehört, wollte nicht aufkommen, danach stand keinem der Sinn. Zudem war uns allen viel zu kalt. Der Winter kam sehr früh in diesem Jahr. Nachts hatten wir schon regelmäßig starken Frost.
Eine solche Frostnacht war das auch, als es plötzlich hieß: »Los, los! Raus, raus! Beeilung, Beeilung!« Draußen war alles umstellt von SS-Leuten und von Pfeilkreuzlern mit großen Hunden. Die Straße war mit Scheinwerfern ausgeleuchtet, und die ganze Zeit über dröhnte der Lautsprecher, der uns aufforderte, uns zum Zwecke des Abtransports ohne Gepäck auf der Straße einzufinden. Und wie üblich wurde auch durchgesagt, daß, wer im Hause zurückbliebe, unverzüglich erschossen würde.
Man hatte uns zehn Minuten Zeit gegeben. Wir zogen uns an, und dann gingen wir hinunter. Vater und Mutter Hand in Hand, Chaim und ich hinterher. Draußen war es bitter kalt, es wehte ein eisiger Ostwind, aber die Deutschen trieben uns an mit den Worten: »Los, los, los! Da, wo ihr hinkommt, hat noch keiner gefroren. Beeilung, Beeilung!«
Die Pfeilkreuzler mit den Hunden machten sich an das Durchsuchen der Häuser. Unser Haus war eines der letzten, das sie sich vornahmen. Als sie wieder herunterkamen, trieben sie das junge Ehepaar Bader vor sich her. Wenn meine Annahme zutrifft, hatte man die beiden hinter einem Stapel alter Dachziegel auf dem Boden gefunden. Dort hatten Hannah und ich uns eine Art Jungmädchenversteck eingerichtet.
Im Licht eines Scheinwerfers mußten sie stehenbleiben, und dann wurde zunächst meine Freundin Hannah erschossen und danach der junge Bader, und wir anderen mußten zusehen.

Im Anschluß daran hieß es: »In Marschkolonne aufstellen, Beeilung, Beeilung! Wer aus der Reihe tritt, wird erschossen! Wer zurückbleibt, wird erschossen!«, und dann ließen auch schon die Pfeilkreuzler über unseren Köpfen die Peitschen knallen.
Beim Verlassen des Ghettos gab es ein großes Gedränge, als unsere Marschkolonne sich mit zwei oder drei anderen vereinigen mußte. Der Aufenthalt kostete vielen das Leben, denn die Pfeilkreuzler, die wie so oft schlimmer waren als die Deutschen, schossen, um den Knoten zu entwirren, blindlings in die Menge hinein.
Ich weiß nicht, wie viele wir waren, als wir in der Nacht durch den schneidenden Wind aus der Stadt getrieben wurden. Niemand weiß das. Es gibt keine Unterlagen. Insgesamt, so schätzt man, sind in drei Nächten und den dazugehörenden Tagen rund vierzigtausend Menschen – um es einmal auf deutsch auszudrücken – »in Marsch gesetzt worden«: auf Adolf Eichmanns persönlichen Befehl.
Als es feststand, daß es nicht zum Bahnhof ging, sondern daß man uns stadtauswärts trieb, kamen verzweifelte Gerüchte auf. Wir waren darauf gefaßt, daß man uns, sobald es hell wurde, vor die Maschinengewehre stellen würde, wie man das mit den ukrainischen Juden in Babi Jar getan hatte. Wir beruhigten uns erst, als man uns, nachdem der neue Tag längst angebrochen war, auch weiter nicht zur Ruhe kommen ließ. Allmählich ging uns auf, daß unser Marschziel die österreichische Grenze war. Deutsche Uniformen sahen wir nur noch einmal, als unser Zug von einem offenen Kübelwagen überholt wurde. Darin saßen mehrere SS-Männer. Unsere Eskorte bestand durchweg aus Pfeilkreuzlern, von denen ein Großteil beritten war und lange Peitschen schwang wie die Hirten in der Puszta.
Unaufhörlich hieß es: »Vorwärts, vorwärts, nicht zurückbleiben!«, und dabei wurden die Leute, wie es gerade kam, mit der Peitsche geschlagen. Ein paar Schritte vor uns ging

der alte Rabbiner, der meine Freundin Hannah und den jungen Bader getraut hatte; dem schlugen sie mit der Peitsche ein Auge aus, und als er zusammenbrach, peitschten sie ihn weiter, bis sie ihn schließlich erschossen. Sein blutender Leichnam lag mitten auf der Straße, wohl oder übel mußten wir über ihn hinwegsteigen.

Am Nachmittag begann das Massensterben. Es war eisig kalt, dabei fiel ein feiner Sprühregen. Wir waren seit über zwölf Stunden unterwegs, ohne Rast. Weder in der Frühe noch um die Mittagszeit hatte es zu essen oder zu trinken gegeben. Der Hunger war qualvoll, aber der Durst war schlimmer. Das Laufen dörrte uns aus. Wir saugten, so gut es ging, das Wasser aus der feuchten Kleidung, aber das reichte gerade, um die Lippen zu netzen. Die Zusammenbrüche begannen sich zu mehren. Manche Leute gaben einfach auf; sie zogen es vor, erschossen zu werden, als diese Qual noch länger zu ertragen. Die Pfeilkreuzler – ich sehe sie noch vor mir, meist junge Burschen mit glatten, unreifen Gesichtern – kannten kein Erbarmen. Wer zurückblieb, bekam die Kugel. Oder er wurde mit dem Bajonett erstochen. Oder mit dem Gewehrkolben erschlagen.

Chaims kleine Beine waren rasch erschöpft. Vater und Mutter trugen ihn abwechselnd. Für Vater, der unter einem kranken Herzen litt, war das eine doppelte Belastung. Ungeachtet des eisigen Windes rann ihm der Schweiß in wahren Sturzbächen über das Gesicht; er atmete stoßweise mit offenem Mund.

Sobald wir durch die Dörfer kamen, wurde es das reinste Spießrutenlaufen. Die Dorfbewohner überschütteten uns mit Schmähungen und Verwünschungen und bewarfen uns mit Steinen, und gelegentlich droschen sie unter dem Gelächter der Pfeilkreuzler auch mit Knüppeln und Dreschflegeln auf uns ein. In jedem Dorf gab es etliche Tote.

Als es Nacht wurde, trieb man uns von der Straße herunter auf ein freies Feld, wo wir lagern durften. Zum erstenmal

seit dem Aufbruch erhielten wir Verpflegung: lauwarmes Wasser, in dem zwei, drei Nudeln schwammen.
Vater war am Ende seiner Kräfte. Er schlief im Sitzen ein, und ich half Mutter, ihn einigermaßen bequem zu betten. Wir befanden uns auf einem abgeernteten Getreidefeld, und unter den Stoppeln war die Erde feucht und kalt.
Am anderen Morgen war die Erde gefroren und hart. Noch bevor es hell wurde, ging das Geschrei und Peitschenknallen wieder los. Wir rafften uns auf, aber es gab auch solche, die dazu nicht mehr imstande waren. Während wir übrigen uns auf der Straße erneut zur Marschkolonne sammelten, gingen die Pfeilkreuzler das Feld ab und erschossen, wer darauf zurückgeblieben war und noch atmete.
Erneut ging es westwärts. Inzwischen war das Ziel des Marsches bekannt geworden: das Konzentrationslager Straßhof auf der anderen Seite der Grenze. Bis dorthin waren es immer noch mehr als zweihundert Kilometer.
Wir kamen durch ein Dorf, in dem sich nach einem Regenguß Pfützen gebildet hatten, die mittlerweile überfroren waren. Unter den Füßen brach das dünne Eis auf, und darunter lauerte der Schlamm. Auf die Leute, die stürzten, ließen die Dorfbewohner ihre Hunde los. In ihrer Not kamen einige von den Gestürzten noch einmal auf die Beine; die anderen wurden von den Hunden zerfleischt oder von den Pfeilkreuzlern erschossen und erstochen.
Die Eltern wechselten sich beim Tragen von Chaim weiter ab. Vor allem Vater ermattete dabei immer mehr. Mein Bruder war in einem bedenklichen Zustand; die meiste Zeit über befand er sich in einer Art Dämmerschlaf.
Rastpausen waren auch an diesem zweiten Tag nicht vorgesehen. Nur einmal wurde uns gestattet, unsere Notdurft zu verrichten. Auch bei dieser Gelegenheit blieben etliche zurück und wurden erschossen. Die Pfeilkreuzler fackelten nicht lange. Sobald einer nicht gleich

hochkam, bekam er die Kugel. Viele Leute starben nur deshalb, weil sie unter Durchfall litten.
Im nächsten Dorf erwartete uns eine Überraschung. Auf dem Marktplatz war ein halbes Dutzend Lastwagen aufgefahren, die mit dem Zeichen des Roten Kreuzes versehen waren, und ein noch junger Mann in einem grauen Zivilanzug, unterstützt durch eine Schar von Helfern mit Rotkreuzbinden, war damit beschäftigt, mal den einen, mal den anderen aus der Kolonne herauszuziehen und zu den Lastwagen zu schicken. Das war – heute weiß ich's – Raoul Wallenberg. Um jeden einzelnen wurde mit den Pfeilkreuzlern diskutiert und gefeilscht, und nicht in allen Fällen waren die Schweden erfolgreich.
Es kam zu einem Tumult. Ein paar Leute waren tatsächlich im Besitz von Wallenberg-Pässen, und die holten sie nun hervor und begannen dabei wie wild zu winken. Die Pfeilkreuzler gingen sofort mit ihren Peitschen dazwischen, und gleich darauf wurde der ganze Zug, nachdem einige störende Zäune entfernt worden waren, umgeleitet. Dennoch gelang es ein paar von Wallenbergs Helfern, uns einzuholen. Sie schleppten schwere Körbe und verteilten daraus belegte Brote. Es war ein Tropfen auf den heißen Stein, und meine Familie gehörte zu denen, die leer ausgingen.

Etwas von ihrer Zurückhaltung ist dahin. Sie fragt sogar, ob ich Kaffee möchte. Der Höflichkeit halber sage ich ja und lade sie zum Abendessen ein. Sie lehnt ab – mit einer Begründung, die ich gar nicht erst zu entkräften versuche. Sie sagt, sie ginge nie aus. Dann, übergangslos, fügt sie hinzu: »Das gleiche, was ich Ihnen jetzt erzähle, habe ich schon einmal einem vom Fernsehen erzählt, aber es hat ihn nicht sehr interessiert. Von Raoul Wallenberg hatte er noch nie zuvor gehört.« Sie sieht mich erbittert und streitsüchtig an. »Und das sind die Leute, die heute vorgeben, unsere Kultur zu verwalten.«

Das Wasser kocht. Es gibt Pulverkaffee. Der Zucker ist knapp. Sie sagt, sie sei noch nicht zum Einkaufen gekommen, und fragt sofort hinterher: »Es ist Ihnen doch hoffentlich recht, wenn ich von Wallenberg erzähle? Ich verdanke ihm mein Leben.« Sie sieht mich über die Tasse hinweg streng an. »Sie auch. Und dieser andere Joel ebenfalls.«
Genauso abrupt, wie sie den Faden fallengelassen hat, nimmt sie ihn wieder auf.

Es dämmerte, als Vater hinfiel. Er hatte es gerade wieder übernommen, meinen Bruder Chaim zu tragen, als seine Kräfte versagten. Er tat ein paar torkelnde Schritte und rang nach Luft, und noch bevor wir ihn stützen konnten, fiel er um. Er fiel einem von den Pfeilkreuzlern direkt vor die Füße.
Mutter schrie auf und wollte zu ihm, aber ein paar beherzte Leute hielten sie fest und zerrten sie weiter, und auf diese Weise verfuhren sie auch mit mir. Sie hatten ja recht: wir konnten doch nicht mehr helfen. Der Pfeilkreuzler schoß, und Vaters Körper wurde schlaff, und als seine Arme sich öffneten, rollte mein Bruder Chaim auf die Straße, und der Pfeilkreuzler lud sein Gewehr durch und erschoß auch ihn.
Es geschah nahezu beiläufig. Nichts Sensationelles war mehr daran. Niemand regte sich auf. Auch wenn man persönlich betroffen war, vergoß man keine Tränen. Ich weiß nicht, was mit Menschen, die einer solchen Belastung ausgesetzt sind, passiert – aber irgend etwas passiert mit ihnen. Sie hüllen sich in einen Panzer aus Gleichgültigkeit, ohne den sie nicht überleben könnten. An diesem zweiten Tag sah keiner mehr hin, wenn die Schüsse fielen.
Bald nach Vaters Tod brach ein paar Reihen vor uns eine junge Frau zusammen, die gleichfalls ein Kind auf dem Arm trug. Ein Wunder, daß sie so lange durchgehalten hatte. Lautlos brach sie in die Knie, und ihr Kind, das in eine Decke eingehüllt war, rollte in den Graben.

Ich habe nie erfahren, was in Mutter vorging, als sie sich plötzlich über alle Vernunft hinwegsetzte, sich zum Straßenrand durchdrängte und das Kind aufhob. Es wäre zu einfach zu sagen: Sie tat das, weil sie ein gutes Herz hatte. Oder: Sie tat das, weil sie in diesem fremden Kind so etwas sah wie einen zweiten Chaim.

Als, während wir weitergingen, hinter uns die Schüsse fielen, hielt sie das fremde Kind jedenfalls fest im Arm und preßte es an ihre Brust. Ich frage mich, woher sie dazu die Kraft nahm. Ich selbst, obwohl ich jung und gesund war, wäre dazu nicht fähig gewesen. Ich hatte genug damit zu tun, auch ohne zusätzliches Gewicht einen Fuß vor den anderen zu setzen.

Wieder trieb man uns für die Nacht auf einem abgeernteten Feld zusammen. Verpflegung wurde diesmal nicht ausgegeben, es gab auch nichts zu trinken.

Der Durst begann uns umzubringen. Er war peinigender als alles andere, sogar als Trauer und Schmerz. An ihm gemessen, waren seelische Regungen überflüssiger Ballast, ein Luxus für bessere Tage. Der Durst jedoch: das war der gefolterte Körper selbst. Ihn konnte man nicht zurückstellen, nicht in den Hintergrund räumen und aufbewahren. Ihm war man ausgeliefert mit allen Fasern des Leibes und allen Gedanken.

Mutter versorgte, so gut das ging, das fremde Kind. Das Kind wimmerte; es hörte sich entsetzlich an. Mutter reinigte es, wozu sie einen Streifen ihres Kopftuches opferte, und bereitete ihm, indem sie mit ihren Händen eine Mulde aushob, die sie mit Strohresten polsterte, so etwas wie ein Lager für die Nacht.

Bevor wir einschliefen, wechselten wir noch ein paar Worte. Mutter sagte: »Wenn wir erst ins Lager kommen, wird alles besser. Man wird uns zu trinken geben. Du mußt durchhalten, Sally.«

Und ich erwiderte: »Ich kann dir nichts versprechen, Mutter. Ich kann es wirklich nicht. Ich weiß nicht, wie lange ich das noch ertrage.«

Wir haben weder von Vater noch von Chaim geredet, denn die waren ja schon tot; wir haben nur an uns selbst gedacht.
»Du mußt, Sally!« hat Mutter noch gesagt. »Und zieh dir die Jacke über den Kopf, sonst erfrierst du!«
Mit der Dunkelheit war der Frost gekommen. Vor dem schneidenden Wind gab es keinen Schutz. Man preßte sich aneinander und zog die Beine an den Leib; das war alles, was man tun konnte. Irgend jemand sagte, man müßte sich wach halten und dürfe auf keinen Fall einschlafen, doch darauf hörte keiner. Die meisten waren so erschöpft, daß sie auf der Stelle einschliefen.
Die Pfeilkreuzler brauchten nicht zu frieren. Ein Teil von ihnen übernachtete im benachbarten Dorf, und diejenigen, die zu unserer Bewachung zurückgeblieben waren, hatten sich Feuer gemacht und wärmten sich nach ihren Rundgängen daran immer wieder auf. Während ich mich über das fremde Kind hinweg zitternd an meine Mutter schmiegte, konnte ich sie sprechen und lachen hören. Einer von ihnen spielte auf der Mundharmonika.
Irgendwann muß ich dann eingeschlafen sein.
Es wäre leicht zu sagen: Und dann wurde ich wach... Mein Erwachen vollzog sich mit Rückfällen in Schlaf und Bewußtlosigkeit. Eins ging in das andere über. Es war mir unmöglich, beide Ebenen voneinander zu trennen.
Es war noch dunkel, doch der neue Tag konnte nicht fern sein, denn die Scheiterhaufen der Pfeilkreuzler waren bis auf einige wenige erloschen. Es war grimmig kalt. Als einmal der Schein einer Taschenlampe über mich hinwegwanderte, sah ich, daß die Erde und die auf der Erde lagernden Menschen mit einer dicken weißen Reifschicht überzogen waren. Der Lichtschein wanderte weiter, und ich glaubte Stimmen zu hören, und ich glaubte auch zu sehen, wie hier und da ein Mann oder eine Frau zum Aufstehen veranlaßt wurden.
Danach bin ich wohl wieder eingeschlafen. Auf jeden Fall

setzt mein Erinnern erst wieder ein, als unweit von mir der Motor eines Lastwagens ansprang. Ich wurde wach und wollte mich aufrichten und stellte fest, daß ich mich nicht rühren konnte. Ich war vor Frost steif wie ein Brett. Irgendwann begriff ich, weshalb mir so kalt war. Von Mutter kam keine Wärme mehr. Ihr Körper, an den ich mich geschmiegt hatte, war starr und eisig.

Meine nächste bewußte Wahrnehmung war die, daß der Schein der Taschenlampe erneut über das Feld wanderte und den Leuten, die dort lagen, ins Gesicht leuchtete. Ich sah Männer und Frauen mit Rotkreuzbinden um den Arm, die hier und da jemanden aufhoben und stützten.

Dann sagte jemand, der zusammen mit einer Gruppe von Pfeilkreuzlern das Feld abging, alle, die im Besitz eines Wallenberg-Passes wären oder aus einem anderen Grund unter dem Schutz des Königreiches Schweden stünden, mögen sich melden; und nachdem er das ein paarmal wiederholt hatte, fingen die Leute, so weit sie nach der Nacht noch am Leben waren, tatsächlich an, »Hier!« zu rufen. Sie wurden dann von den Rotkreuzhelfern zur Straße gebracht, wo die Lastwagen standen. Um einige von ihnen entspann sich zwischen den Helfern und den Pfeilkreuzlern ein regelrechtes Tauziehen.

Auch ich hatte versucht, den Arm zu heben, doch es wollte mir nicht gelingen. Meine Muskeln und Sehnen gehorchten nicht. Ich war mit Mutter, die tot neben mir lag, wie zusammengewachsen.

Die Stimmen und der Lichtschein bewegten sich auf und ab und kehrten dann noch einmal in meine Nachbarschaft zurück, und ich hörte, wie jemand sagte, daß da sonst wohl niemand mehr am Leben wäre.

Bis dahin hatte ich mich immer wieder mit Rückfällen in den Schlaf getröstet. Nun jedoch, da ich hörte und verstand, was diese Stimme sagte, wollte ich leben. Vom Entsetzen gepackt, allein mit den Toten zurückzubleiben, war ich sofort völlig wach. Nie zuvor hatte ich so sehr am

Leben gehangen; nie zuvor war das Grauen größer gewesen.
Später wurde mir klar, daß die Schweden, die wir schon einmal gesehen hatten, unserem Zug gefolgt waren und nun – ich weiß nicht, mit welcher Begründung – das Feld nach Überlebenden absuchten. Damals verstand ich gerade so viel, daß da Leute gekommen waren, die es gut mit mir meinten, und daß sie in der irrigen Annahme, ich sei tot, im Begriff standen, mich meinem Schicksal zu überlassen. Ich wollte sie zurückrufen, aber es gelang mir nicht. Ich wollte schreien, damit sie mich vernahmen und fanden, aber mein Mund und meine Wangen gehorchten mir nicht. Ich bekam keinen Ton über die Lippen. Es hört sich absurd an, aber so war es.
»Hallo!« sagte die Stimme noch einmal. »Ist da wirklich keiner mehr? Sie brauchen sich nicht zu ängstigen. Wir sind Schweden und vertreten das Internationale Rote Kreuz. Wir sind gekommen, um Ihnen zu helfen. Wenn Sie Anspruch haben auf unsere Hilfe, geben Sie mir ein Zeichen.«
Die nächste Sekunde, ahnte ich, entschied für mich über Leben und Tod. Falls mich die Schweden nicht fanden, würde ich auf diesem Feld elendig zugrunde gehen, oder irgendein Pfeilkreuzler würde mir den Gnadenschuß geben. Ich weiß nicht, wie es mir gelang, mich zu bewegen. Ich erinnere mich nur, daß Mutter, die auf der Seite lag, plötzlich auf den Rücken kippte, und dabei muß ich selbst wohl auf das fremde Kind gefallen sein, denn dies fing plötzlich an zu schreien.
Der Lichtschein bewegte sich auf mich zu, und ich sah, wie ein junger Mann sich bückte, das Kind aufhob und an eine Frau weitergab. Dann richtete sich der Lichtschein auf meine Mutter, und ich hörte die Frau sagen: »Da ist nichts mehr zu machen, Herr Wallenberg, leider.« Der Lichtschein zögerte und plötzlich stach er mir direkt in die Augen, und Wallenberg sagte: »Das Mädchen atmet noch. Wir werden eine Trage brauchen.«

Sally Stern zündet sich eine neue Zigarette an. Während sie erzählte, hat sie pausenlos geraucht. Der Ascher quillt über.
»Es geht mir nicht darum, mich hervorzutun«, sagt sie.
»Ich verstehe«, antworte ich. Sie wehrt das ab. »Ich bin auf dem Marsch nicht erschlagen und erschossen worden. Man hat mich nicht einmal vergewaltigt. An dem, was ich erlebt habe, ist nichts Sensationelles, verstehen Sie?« Sie verstummt und starrt in den Rauch, der sich unter dem grünen Lampenschirm sammelt. »Das einzige Sensationelle ist«, sagt sie nach einigem Schweigen, »daß ich nicht zugrunde gegangen bin. Ich wollte, ich wäre ein gläubiger Mensch, dann könnte ich jetzt sagen: Gott hat mich gerettet. Aber Gott habe ich nicht gesehen. Ich habe ein paar Leute mit Armbinden gesehen – und Raoul Wallenberg, als er mich aufhob.«
Ich erinnere sie an Joel.
»Ach so«, sagt sie, »Joel! Wissen Sie, für mich gehört der irgendwie nicht mehr dazu, verstehen Sie. Wenn Sie mich nicht daran erinnert hätten, wäre es mir glatt entfallen. Joel!«
Sie nimmt einen tiefen Zug aus der Zigarette.

Die Schweden brachten uns nach Budapest zurück, und ich kam in der Phönixstraße ins Krankenhaus. Dort blieb ich zwei Wochen. Meine Erfrierungen waren bald verheilt, aber unter der Nachwirkung des Schocks hatte ich lange zu leiden. Ich bekam eine Art Nervenfieber. Bis ich begriff, daß ich nichts mehr zu befürchten hatte, verging sehr viel Zeit. Am Tag, an dem ich entlassen wurde, kam Dr. Schwarz, der mich bis dahin behandelt hatte, noch einmal zu mir.
»Da ist noch etwas, Sally, was dich sehr freuen wird. Joel ist über den Berg. Ein paar Tage noch, und du kannst ihn unter deine Fittiche nehmen.«

Ich verstand ihn nicht. Der Name Joel war der meines Vaters gewesen, doch von diesem konnte unmöglich die Rede sein. Ich starrte Dr. Schwarz an: »Wer?«
Er war sehr geduldig und sehr gütig. Er streichelte meine Hand. »Joel!« wiederholte er. »Man fand ihn zwischen dir und deiner Mutter. Mir wurde gesagt, daß es sich um deinen kleinen Bruder handelt. Das ist er doch?«
Es ist leicht zu sagen: Alle Menschen sind Brüder. Hier wurde mir ein Bruder angeboten, und ich wollte ihn nicht haben. O ja, ich erinnerte mich! Ich haßte dieses fremde Kind, weil es, um selbst am Leben zu bleiben, am Leben meiner Mutter gezehrt hatte. Ich zog meine Hand unter der von Dr. Schwarz hervor und schüttelte den Kopf.
»Mein kleiner Bruder hieß Chaim«, antwortete ich. »Er ist tot. Joel gehört nicht zu mir.«

Auf einmal ist die Abwehr wieder da. Sie bedauert, mich ins Vertrauen gezogen zu haben. Demonstrativ blickt sie auf die Uhr. Fast ist es ein Rausschmiß.
Ich stehe auf und drücke ihr meinen Dank aus. Die Worte prallen an ihr ab. Sie will nicht einmal wissen, ob sie mir geholfen hat. Als sie mir ihre kräftige Hand reicht, hat sie die Katze im Arm.
Ich trete hinaus in den Abend von Amsterdam, ein verstörter Mann namens Joel. Hinter mir fällt mit metallischem Schnappen die Tür zu. Es ist im November, und früher Frost liegt in der Luft. Ich fröstele.

9. Kapitel

Echud Brand
David und Goliath

REPORTER BBC:
»Wie viele Menschen verdanken Raoul Wallenberg das Leben?«
PER ANGER:
*»Nun, wenn Sie zu diesen die fünfzehn-
bis zwanzigtausend Menschen
im internationalen Ghetto hinzuzählen
sowie die Menschen,
die er auf den Todesmärschen
und den Bahnstationen rettete,
dann sind es wohl hunderttausend.«*

*... daß das Ergebnis dieses Krieges
die Vernichtung des Judentums
sein wird!*

ADOLF HITLER

Unter dem Vollmond sehen die nächtlichen Golanhöhen so unwirklich aus wie eine Theaterlandschaft. Der Soldat, der mich führt, paßt auf, daß ich bei meinen elegischen Betrachtungen nicht nach rechts oder links abirre, und als ich ihn frage, was ihn zu dieser Fürsorge veranlaßt, erwidert er kurz: »Minen!«

Wir kommen vorüber an befestigten Stellungen, in denen getarnte Geschütze stehen. Die Rohre weisen hinüber nach Syrien. Das Mondlicht liegt auf ihnen wie überirdischer Staub. Der Soldat, der mich führt, nennt die Parole und weist meinen Passierschein vor. Eine Taschenlampe sticht mir ins Gesicht und erlischt. Es geht weiter.

Die Offiziere des Stabes der vorgeschobenen Artillerieeinheit führen ein Leben wie die Maulwürfe. Ihr Befehlsstand liegt etliche Meter tief unter einer Anhöhe, die mehr aus kahlem Fels denn aus Erde zu bestehen scheint. Noch einmal werden meine Papiere geprüft.

Im Unterstand türmen sich Feldbetten. Auf einigen wird geschlafen. Es gibt einen Tisch mit einer Lagekarte und ein Dutzend Telefone. Mir wird ein Platz angeboten, eine Zigarette, ein Becher Tee. Ich muß warten, bis Echud Brand, der Major, von seinem Kontrollgang zurückkehrt. Ich fasse mich in Geduld.

Endlich tritt er ein, groß, hager und schlank, hängt den Helm an einen Haken und preßt meine Hand. »Eliahu Salomon hat mich angerufen«, sagt er, »er meint, ich könnte Ihnen weiterhelfen. Was genau wollen Sie von mir hören? Wenn es Ihnen vor allem um diesen Joel geht ... das war so ziemlich in den letzten Tagen. Moment!«

Echud Brand greift in eine Tasche seiner Feldbluse, zieht eine flache Brieftasche hervor und entnimmt dieser eine fleckige Fotografie, ein altes Paßfoto. Ich

betrachte das anmutige Gesicht eines sehr jungen, sehr hübschen Mädchens.
»Rachel«, sagt der Major. »Wir wollten heiraten und Joel adoptieren. Aber daraus ist nichts geworden.«
Er nimmt mir das Foto wieder aus der Hand und verwahrt es mit Akribie erneut in der Brieftasche.
Ich mustere ihn. Er ist ein Mann um die Sechzig, sieht aber jünger aus. Damals in Budapest muß er um die Zwanzig gewesen sein.
Auch er hat mich eingeschätzt. Er schüttet sich heißen Tee in einen verbeulten Becher und sagt: »Ich nehme an, Sie waren damals zu jung, um sich an alles zu erinnern. Aber vielleicht sagt Ihnen der Name Iszö Nagy etwas ...?«

Iszö Nagy hatte als Polizeileutnant zu der Truppe gehört, die für den Schutz der verschiedenen Dienststellen zuständig war, doch mittlerweile gab es diesbezüglich nichts mehr zu schützen. Es war im Dezember. Die Russen hatten zu der erwarteten Zangenbewegung angesetzt, um Budapest einzuschließen. Zusammen mit der ungarischen Regierung waren auch die Dienststellen auf und davon, und die Polizei war weisungslos in der Stadt zurückgeblieben, in der nunmehr auch der letzte Rest von Ordnung zusammenbrach. Am härtesten betroffen waren auch diesmal die Juden.
Nachdem alle Macht in der Stadt übergegangen war auf die fanatischen Horden der Pfeilkreuzler, die immer noch an einen deutschen Endsieg glaubten oder zu glauben vorgaben, gab es in Budapest weder Recht noch Gesetz, und die Juden mit einem Wallenberg-Paß waren, soweit sie nicht unter unseren bewaffneten Schutz gestellt werden konnten, ebenso schlimm dran wie alle anderen.
Eichmann war fort. Die Deportationen und Todesmärsche waren eingestellt. Dennoch war die Lage für die noch in Budapest verbliebenen Juden nicht weniger lebensgefährlich als zuvor. Was man aufgrund der militärischen

Situation in Auschwitz nicht länger besorgen konnte, besorgten Eichmanns ungarische Hilfstruppen nunmehr an Ort und Stelle. Allein in diesen Dezembertagen erschlugen sie an die zehntausend Juden. Das Wasser der Donau war rot von Blut. Der deutsche Kampfkommandant von Budapest, der General der Waffen-SS August Schmidthuber, ließ den Pfeilkreuzlern freie Hand, und die ungarische Polizei – in Ermangelung klarer Befehle – hielt sich untätig im Hintergrund.

Leutnant Nagy war eine erfreuliche Ausnahme. Zusammen mit einundzwanzig Mann seiner auseinandergefallenen Truppe hatte er sich von Wallenberg anwerben lassen, um den Schutz der Phönixstraße zu übernehmen.

Wallenberg selbst war um diese Zeit in großer Gefahr. Eichmann trachtete ihm auch weiterhin nach dem Leben. Gestapo und Pfeilkreuzler hatten Weisung, Wallenberg vor dem Fall der Stadt um jeden Preis zur Strecke zu bringen. Die letzten Monate des Dritten Reichs waren angebrochen, und angesichts des unvermeidlichen Zusammenbruchs ließ Eichmann vollends die Maske fallen und wies seine Mordgesellen an, sich nicht länger um die schwedische Neutralität zu kümmern. Deutscherseits hatte man nichts mehr zu verlieren, nicht einmal mehr das Gesicht.

Im Oktober hatte man sich noch die Mühe gemacht, einen Mordanschlag als Verkehrsunfall zu tarnen. Mit solchen Mätzchen hielt man sich nun nicht erst auf. Man setzte Scharfschützen ein. Wallenberg überlebte nur, weil er das Glück auf seiner Seite hatte und in Langfelder über einen kaltblütigen Fahrer verfügte. Schließlich versuchten es die Nazis mit einem angeheuerten Killer. Sie schleusten einen Juden, nachdem sie ihm für Wallenbergs Ermordung die Rückkehr seiner nach Auschwitz verschleppten Frau und Kinder in Aussicht gestellt hatten, in die Phönixstraße ein. Der Mann hätte Wallenberg mit Leichtigkeit erschießen können, aber er zog es vor, sich selbst zu töten, um das Schicksal seiner Angehörigen zu teilen. Für Wallenberg

war dies endlich der Anlaß, um auf den Rat guter Freunde zu hören und unterzutauchen. Fortan wußten nur einige wenige Eingeweihte, wo er sich gerade aufhielt, und von diesen war kein Verrat zu befürchten.
Währenddessen trieb die Schlacht um Budapest ihrem Höhepunkt zu. Die Stadt lag unter dem Feuer der russischen Geschütze, und die russischen Flugzeuge flogen einen Angriff nach dem anderen. Der Himmel war schwarz vom Rauch der unzähligen Brände.
Unter der Zivilbevölkerung gab es Verluste. In den Krankenhäusern der Phönixstraße wurde rund um die Uhr operiert. Für verwundete ungarische Zivilpersonen war dies fast der einzige Platz, an dem ihnen Hilfe zuteil wurde. Auch zwei deutsche Soldaten, die mit erheblichen Brandverletzungen eingeliefert worden waren, wurden von einem unserer Ärzte zunächst einmal versorgt, bevor man sie abholen ließ.
Die Phönixstraße blieb von Bomben und Granaten verschont. Es hieß, Wallenberg hätte sich über geheime Kanäle mit den Russen in Verbindung gesetzt und ihnen eine Beschreibung des schwedischen Territoriums als auch des Synagogen-Ghettos zukommen lassen.
So also war die Lage. Und nun zu diesem Joel...
Eines Tages schleppte Leutnant Nagy mit seinen Leuten einen alten Juden an, dem die Pfeilkreuzler den Brustkorb eingetreten hatten. Auch unsere Chirurgen vermochten ihm nicht mehr zu helfen. Immerhin erlangte er, bevor er starb, noch einmal das Bewußtsein zurück, und die Schwester gab, was sie bei der Gelegenheit erfuhr, an uns weiter.
Der Name des alten Mannes war Schulem Klein. Er hatte in einem der dem Ghetto zugeordneten Häuser gelebt, die mit einem Davidstern gekennzeichnet waren. Als die Pfeilkreuzler anrückten, hatten sich die Bewohner verbarrikadiert, ohne damit jedoch ihr Schicksal ändern zu können. Die Pfeilkreuzler sprengten die Tür samt Barrikade mit einer Handgranate, und danach trieben sie die Leute zu einem ihrer bevorzugten Erschießungsplätze.

Schulem Klein ließen sie unterwegs für tot liegen, und so wurde er von Leutnant Nagy gefunden.
Nun berichtete uns die Schwester, daß er auf dem Sterbebett in großer Sorge gewesen war um seinen sechsjährigen Enkel Joel, den er in einem sicheren Versteck zurückgelassen hatte. Die Pfeilkreuzler, sagte die Schwester, hätten, als sie das Haus durchstöberten, den Jungen nicht gefunden. Dennoch müsse dieser, weil er sein Versteck ohne fremde Hilfe nicht verlassen konnte, nun elendig zugrunde gehen.
Grosz und ich zogen uns als ungarische Polizisten an, schulterten unsere Karabiner und machten uns auf den Weg. Vor uns lag ein anstrengender Hindernislauf. Jedesmal, wenn uns die russischen Tiefflieger aufs Korn nahmen, mußten wir in Deckung gehen. Grosz fluchte, nannte die Piloten dämliche Hunde und drohte ihnen mit der Faust, aber am liebsten hätte er sie in die Arme geschlossen und abgeküßt.
Das Haus, das uns von der Krankenschwester beschrieben worden war, existierte tatsächlich. Das Portal, vor dem die Handgranate detoniert war, drohte einzustürzen. Wir zwängten uns durch ein Fenster und sahen uns um.
In allen drei Etagen gab es keine Menschenseele mehr. Überall, sogar auf den Treppen, waren Sachen verstreut. Auf ihrer Suche nach versteckten Schmucksachen und Wertgegenständen hatten die Pfeilkreuzler alle Bündel, Pakete und Koffer aufgeschlitzt und die Schränke umgestürzt. Auch in dieser Beziehung standen sie ihren deutschen Lehrmeistern in nichts nach. Über all dem Morden vergaßen sie die persönliche Bereicherung nicht. Von Leutnant Nagy wußten wir, daß sie den von ihnen Erschossenen, bevor man diese in die Donau warf, sogar die Goldzähne ausbrachen.
Grosz und ich durchsuchten das Haus vom Keller bis zum Dachboden und vom Dachboden bis zum Keller, ohne auf ein Versteck mit einem kleinen Jungen namens

Joel zu stoßen. Ich sagte: »Reszö, entweder ist der Junge längst auf und davon, oder aber der Alte hat gesponnen.«
Grosz saß auf einem umgestürzten Schrank, rauchte und verschnaufte, nachdem er noch einmal den dunklen Spitzboden abgesucht und dabei nichts als eine Ratte aufgestöbert hatte.
»Einmal noch, Echud!« sagte er. »Bisher haben wir uns angestellt wie die Pfeilkreuzler, wenn sie ein Haus durchsuchen. Aber der Alte hat von einem wirklichen Versteck gesprochen – eins, das nicht gefunden worden ist.«
Diesmal klopften wir sogar die Wände ab und hoben ein paar der Fußbodenbohlen auf. Auf der Suche nach einem Hohlraum sparten wir keinen Quadratmeter aus. Von Joel fanden wir auch auf diese Weise keine Spur. Schließlich kamen wir erneut in den Keller. Grosz riß ein Streichholz an und setzte eine alte Zeitung in Brand.
»Joel!« rief er. »Joel, Großvater schickt uns. Joel, wo bist du?«
Wir kamen in einen Raum, in dem ein riesiger eiserner Ofen an der Wand stand. Wir sahen sogar im Ofen nach und wollten schon wieder abrücken, als wir die Schleifspuren auf dem von Kohlestaub geschwärzten Zementfußboden entdeckten. Der alte Ofen hatte offenbar mitten im Raum gestanden und war dann, vor noch nicht langer Zeit, an die Wand gerückt worden.
Grosz sagte: »Weißt du, wo wir sind? Das muß der Kohlenkeller gewesen sein. Und jetzt verrat mir, wie die Kohlen hier hereingekommen sind.«
Die übliche Kohlenrutsche fehlte. Wir sahen einander an, griffen zu, schoben den schweren Ofen von der Wand fort, und dahinter war sie. Joel fiel uns bewußtlos entgegen. Ich glaube, seine ganze Blutzirkulation war blokkiert, nachdem er mehr als vierundzwanzig Stunden zusammengekrümmt in diesem Schacht gekauert hatte.

Echud Brand wird ans Telefon geholt. Er spricht, knallt den Hörer hin und läßt ein paar Leute wek-

ken. Eine Minute später rücken die Männer lautlos ab.

»Syrer!« sagt er, als er zu mir zurückkehrt. »Manchmal kommen sie, um unsere Geschütze zu sprengen oder die Telefonleitungen zu beschädigen. Junge Freiwillige.«

Er bestellt frischen Tee.

»Joel!« sagt er dann. »Ich mochte ihn. Und Rachel war ganz vernarrt in den kleinen Kerl. Wir wollten ihm ein Zuhause geben.« Einen Atemzug lang starrt er ins Leere. »Aber jetzt müssen Sie mir auf die Sprünge helfen. Wo bin ich stehengeblieben?«

Nachdem Grosz und ich Joel aus seinem Versteck befreit hatten, schafften wir ihn, da es andere Angehörige als den gestorbenen Großvater offenbar nicht gab, in das Kinder- und Waisenhaus in der Phönixstraße, in dem Rachel arbeitete.

»Wie heißt er?« fragte sie.

»Joel«, sagte ich.

»Und wie weiter?«

»Sein Großvater hieß Klein.«

»Na, da haben wir's doch!« sagte sie und wollte schon schreiben.

»Moment!« sagte ich. »Wir wissen ja nicht, ob dies sein Großvater väterlicherseits oder mütterlicherseits gewesen ist.«

Rachel trug den Jungen trotzdem als Joel Klein in das Register ein. Allerdings setzte sie hinter den Familiennamen ein eingeklammertes Fragezeichen.

Etwa um die gleiche Zeit ließ Wallenberg ausrichten, wir sollten den Wachdienst verschärfen. Über einen Informanten war ihm die Nachricht zugekommen, daß die Pfeilkreuzler sich damit brüsteten, die Russen würden in der Phönixstraße statt der schwedischen Flagge einen Riesenberg Leichen vorfinden.

Am 18. oder 19. Dezember unternahmen sie einen ersten

ernsthaften Versuch, ihre Drohung in die Tat umzusetzen. Eine Horde von ihnen fiel in die Phönixstraße ein, nachdem die ungarischen Polizisten, die die Zugänge sperren sollten, zu ihnen übergelaufen waren. Nur Leutnant Nagy blieb auf seinem Posten und eröffnete das Feuer. Die Schutztruppe eilte ihm zu Hilfe, und es entspann sich ein heftiges Feuergefecht, bei dem zwei Schutztruppler verwundet und ein Pfeilkreuzler getötet wurde. Als die Pfeilkreuzler erkannten, daß sie unseren Widerstand nicht brechen konnten, zogen sie sich zurück. Dieser Tage erwartete man stündlich, daß es den Russen gelingen würde, ihren Belagerungsring um Budapest zu schließen und den General Schmidthuber mit seiner SS-Division »Feldherrnhalle«, der von Hitler Befehl hatte, die Stadt bis zur letzten Patrone zu halten, endgültig vom Nachschub abzuschneiden. Aber die Kämpfe zogen sich in die Länge.

So kam der 25. Dezember. Als der Beschuß einmal nachließ, war in der plötzlichen Stille das Läuten der Weihnachtsglocken zu hören. Am Nachmittag begann es zu schneien.

An diesen Nachmittag entsinne ich mich in allen seinen Einzelheiten. Rachel und ich hatten uns getroffen und schmiedeten Pläne für die Zukunft, und der Chor der Glocken erschien uns als ein gutes Omen. Den Christen verkündete er die Geburt ihres Herrn. Rachel und mir verhieß er die bevorstehende Wende.

Rachel hatte den kleinen Joel mitgebracht. Wir sahen ihm zu, wie er sich im frischen Schnee vergnügte, und plötzlich bemerkte Rachel: »Ich weiß, du hast ihn gern. Er ist ein so lieber kleiner Kerl.«

Ich spürte, daß sie etwas auf dem Herzen hatte. »Also«, erwiderte ich, »worauf willst du hinaus?«

Sie schmiegte sich an mich. »Joel!« sagte sie. »Ich frage mich, was aus ihm werden soll, wenn das alles vorbei ist. Er hat doch niemanden mehr.«

Ich wollte sie beruhigen. »Irgendwo wird er schon bleiben«, sagte ich. »Man wird für ihn sorgen.«

Sie wollte davon nichts wissen. »Warum kann er nicht bei uns bleiben?« schlug sie vor. »Wenn wir sowieso heiraten, können wir ihn doch adoptieren. Er hängt an dir. Ist dir das noch nicht aufgefallen?«
Ich widersprach. »Unsinn«, sagte ich, »mit mir hat er nichts im Sinn. Seine große Liebe bist du.« Im Prinzip jedoch war ich einverstanden. »Also gut, Rachel«, sagte ich, »wir werden ihn adoptieren.«
Rachel fiel mir um den Hals. Ich bin nie wieder einem Menschen begegnet, der so viel Liebe zu geben imstande war wie sie. Sie war, ungeachtet dessen, was sie erlebt hatte, bevor sie in der Phönixstraße Zuflucht fand, nicht im mindesten abgestumpft. Ihr Herz quoll über.
Es war spät geworden. Wir beide mußten unseren Dienst antreten: sie im Kinder- und Waisenheim, ich bei der Schutztruppe. Bevor sie, Joel an der Hand, im Schneetreiben entschwand, drehte sie sich noch einmal um.
»Ich liebe dich, Echud!« sagte sie. »Ich und Joel – wir werden dich immer lieben.«
Zwei Stunden später geschah es.
Nach einem Kontrollgang war ich mit meiner Abteilung in den Keller eingekehrt, der uns als Wachlokal diente, um mich aufzuwärmen, und dort waren schon Grosz und seine Männer versammelt. Wir stellten fest, daß wir es mit einem ruhigen Abend zu tun hatten. Die Deutschen hatten ihr obligatorisches Weihnachtsbesäufnis schon am Abend zuvor hinter sich gebracht – so jedenfalls hatte der Bericht des päpstlichen Nuntius an die schwedische Gesandtschaft gelautet –, und nun feierten wohl auch ihre Statthalter.
István Biss hatte gerade angefangen, einen Witz zu erzählen, als Leutnant Nagy blutüberströmt die Kellertreppe herunterfiel.
Der Witz lautete: »Wer ist das? Er trägt einen Hut, er hat Schläfenlocken und dazu einen Bart?« Die richtige Antwort darauf lautete: »Ein Schwede, der sich verklei-

det hat als orthodoxer Jude.« Doch bis zu diesem Punkt kamen wir nicht. Leutnant Nagy, der aus mehreren Stichwunden blutete, kam herein, faßte vergeblich nach dem Treppengeländer und klatschte uns vor die Füße. »Pfeilkreuzler!« sagte er, bevor er das Bewußtsein verlor. »Viele. Sie kommen ... durch die ... Kanalisation.«
Später wurde rekonstruiert, was sich abgespielt hatte. Leutnant Nagy war auf dem Weg zur Messe gewesen, als ihm im Schneetreiben aufgefallen war, wie mehrere vermummte Gestalten gleichsam aus der Erde gekrochen kamen. Bevor er Alarm geben konnte, war er von hinten angefallen und gewürgt worden, und zugleich hatte man ihm einige Messerstiche versetzt. Nachdem die Pfeilkreuzler von ihm abgelassen hatten, war er auf Händen und Füßen bis zu unserem Keller gekrochen.
Leutnant Nagys Warnung kam zu spät. Draußen brach auf einmal die Hölle aus. Gewehrschüsse krachten, Maschinenpistolen belferten. Wir nahmen unsere Waffen auf und stürzten zum Ausgang, gerade als Sándor Weizmann gerannt kam und schrie: »Die Schweine bringen die Kinder um! Warum ist denn keiner auf seinem Posten?« Wir verloren keine Zeit mit unnützen Fragen und rannten direkt zum Kinder- und Waisenheim, insgesamt fünfzehn Mann.
Es traf nicht zu, daß keiner auf seinem Posten gewesen war. Unsere Männer lagen noch da, wo sie gefallen waren: im Schutz der Dunkelheit und des Schneetreibens von den Pfeilkreuzlern lautlos überwältigt.
Als wir im Heim eintrafen, waren die Banditen längst über alle Berge. Zuvor jedoch hatten sie ganze Arbeit geleistet. Uns blieb nur noch übrig, die Toten zu zählen. Insgesamt waren es achtundsiebzig.
Die Kinder hatten gerade beim Abendessen gesessen, als die Pfeilkreuzler über sie herfielen. Der Speisesaal war ein Meer von Blut. Die Wände und sogar die Decke waren voller Einschüsse.
Im Haus hatte es Kinder aller Altersgruppen gegeben,

vom elternlosen Halbwüchsigen bis hinab zum Säugling. Sie waren alle tot.
Tot waren auch die Frauen und Mädchen, die das Heim geführt hatten. Ein paar von ihnen waren gemeinsam mit ihren Zöglingen gestorben – beim vergeblichen Versuch, sie über die Terrasse hinaus ins Freie zu retten. Auch Rachel lag da. Sie war von so vielen Kugeln in den Kopf getroffen, daß ich sie kaum wiedererkannte. Joel lag unter ihr. Bis zuletzt hatte sie ihn mit ihrem Körper gedeckt. Joel war im ganzen großen Haus der einzige Mensch, der noch atmete. Er wurde sofort ins Krankenhaus geschafft und noch in der gleichen Stunde operiert.

Die Patrouille kehrt zurück. Sie treibt einen jungen Burschen vor sich her, dem man die Hände auf den Rücken gebunden hat. Er blutet aus der Nase und sieht nicht aus wie ein Held.
Echud Brand, der Major, spricht mit seinen Männern Hebräisch. Ich verstehe nichts. Hebräisch: das ist für mich die Sprache der Rabbiner, sind für mich die feierlichen Gesänge in der Synagoge.
Die Soldaten verlassen mit dem Gefangenen den Gefechtsstand. Ich frage: »Was hat man mit ihm vor?«
Echud Brand hebt die Schultern. Er wirkt auf einmal sehr müde. Seine Augen liegen tief.
»Ich habe darüber nicht zu entscheiden. Man wird ihn verhören. Wenn er wirklich nur seine Herde gesucht hat, schiebt man ihn ab. Übrigens, genauso jung bin ich damals gewesen. Rachel war siebzehn.«
Er trinkt Tee, raucht und fängt irgendwann wieder an, im Zusammenhang zu erzählen.

In der Nacht vom 25. auf den 26. Dezember ist keiner von der Schutztruppe zum Schlafen gekommen. Wir patrouillierten um die Häuser, bis es hell wurde. Doch in dieser Nacht geschah nichts mehr – jedenfalls nicht bei uns in der

Phönixstraße. Die Pfeilkreuzler waren weitergezogen zum Synagogenghetto und hatten dort weitergewütet.
Als Wallenberg von diesen Massakern erfuhr, ließ er alle Vorsicht fahren. Ohne Rücksicht auf seine eigene Sicherheit erschien er in der Phönixstraße und ließ sich von Grosz und mir an Ort und Stelle den Hergang des Blutbads erklären. Mit steinernem Gesicht stand er vor den Toten, die man mittlerweile aufgebahrt hatte. Zu ihnen gehörte auch Leutnant Nagy, der seinen Verletzungen erlegen war.
Im Anschluß daran blieb Grosz bei Wallenberg, während ich die Wachen inspizierte. Die Phönixstraße glich einer belagerten Festung. Sämtliche Zugänge lagen im Visier unserer Gewehre; die Kanaldeckel waren durch schwere Gewichte gesichert.
Das Massaker in unserem Kinder- und Waisenhaus und das Blutbad im Ghetto machten klar, daß die Ankündigung der Pfeilkreuzler, bis zum Einmarsch der Russen alle noch in Budapest befindlichen Juden umzubringen, kein leeres Gerede war, zumal sie, weil die Deutschen sie zur Verteidigung der Stadt wohlweislich nicht heranzogen, nichts anderes zu tun hatten.
Der mir wohlvertraute Fiat mit dem schwedischen Diplomatenwimpel tauchte auf, und ich wies die Männer an, die Barrikade zu öffnen. Langfelder saß am Steuer. Im Fond des Wagens erkannte ich Raoul Wallenberg.
Es überlief mich kalt. Der Wagen war stadtbekannt, alle Gestapo-Leute und Pfeilkreuzler waren im Besitz seiner Beschreibung, und Wallenberg saß darin wie eine lebende Zielscheibe. Ich stürzte zu Grosz: »Reszö, wohin ist er gefahren?«
Grosz sagte es mir. Ich wollte es nicht glauben. Es widersprach aller Vernunft. Grosz wiederholte es: »Er ist in das deutsche Hauptquartier gefahren, zum General der Waffen-SS Schmidthuber, um zu protestieren.«
Ich fühlte mich wie vor den Kopf geschlagen. Schmidthuber galt als Favorit Adolf Hitlers, als harter und grausamer

Mann, der überall dort, wo er mit seiner Division »Feldherrnhalle« auftauchte, verbrannte Erde hinterließ. Nicht ohne Grund war ihm die Verteidigung von Budapest übertragen worden. Sein Auftrag lautete, den Russen ein zweites Stalingrad zu liefern. Ohne Zweifel war er in das Mordkomplott gegen Wallenberg zumindest eingeweiht.
Ich sagte: »Reszö, Wallenberg hat den Verstand verloren. Sie werden einen Anlaß finden, ihn umzubringen.«
Zwei spannungsgeladene Stunden vergingen, bis uns signalisiert wurde, daß Wallenberg wohlbehalten in sein Versteck zurückgekehrt war. Von István Biss, der mit Langfelder befreundet war, erfuhren wir am Abend, was sich im deutschen Hauptquartier zugetragen hatte. Biss war der geborene Schauspieler: mal gab er sich als Wallenberg, mal als General der Waffen-SS.
»Also, er kommt hin, stellt sich vor, weist sich aus und sagt ohne Umschweife: ›Ich benötige Ihren Schutz, Herr General: für die in Budapest verbliebenen Juden.‹ Dem General verschlägt das zunächst die Sprache, aber dann gibt er sich ironisch: ›Und warum, sehr geehrter Herr Wallenberg, soll ich meinen Schutz ausgerechnet Juden zuteil werden lassen, unseren unversöhnlichen Todfeinden?‹ Wallenberg geht aufs Ganze. Er pfeift auf allen diplomatischen Firlefanz und nimmt kein Blatt vor den Mund: ›In Ihrem eigenen Interesse, Herr General!‹ erwidert er kalt. ›Falls Sie dem Gemetzel nicht unverzüglich ein Ende machen, dann, Herr General, werde ich als schwedischer Diplomat meinen ganzen Einfluß geltend machen, um Sie nach Kriegsende als Kriegsverbrecher an den Galgen zu bringen!‹ Er sagt das, steht auf, verneigt sich knapp und verläßt das deutsche Hauptquartier. Dieser Schmidthuber ist so perplex, daß er ihn nicht einmal daran zu hindern versucht. Und nun muß man abwarten, was aus der Sache wird ...«
Wir erfuhren es noch vor Anbruch der Nacht. Einheiten der Division »Feldherrnhalle« zogen auf und riegelten das Gebiet rings um die Phönixstraße und um das Ghetto ab.

Vor uns lag eine ruhige Nacht. Zum ersten Mal seit dem Bestehen des Dritten Reiches wurde deutsche SS nicht dazu eingesetzt, um Juden zu vernichten, sondern im Gegenteil: um sie vor den Übergriffen eines Verbündeten in Schutz zu nehmen. Die Drohung mit dem Galgen hatte ein Wunder bewirkt.
Zwei Tage später schloß sich um Budapest der sowjetische Belagerungsring, und die Einheiten wurden wieder abgezogen, weil sie an der Front benötigt wurden.

István Biss in Ehren – aber Echud Brand selbst ist der geborene Schauspieler. Eine Minute lang habe ich geglaubt, Wallenberg und den SS-General vor mir zu haben.
Der Major hat sich verausgabt. Er braucht Ruhe. Ich halte ihn auf. Er gähnt.
»Und Joel?« frage ich. »Wo ist er geblieben, was ist aus ihm geworden?«
Echud Brand hebt die Schultern. »Er hat's überlebt – das ist so ziemlich alles, was ich darüber sagen kann. Und daß sein eines Bein kürzer geblieben sein soll als das andere.«
Wir rauchen noch eine Zigarette miteinander, dann weist er mir ein Lager zu. Während ich hinübergehe, hätte ich, ich weiß nicht warum, am liebsten gehinkt.

10. Kapitel

Judith Komoly
Als Gefangener oder als Gast...

Der am 17. Januar 1945 in Budapest
in Schutzhaft genommene und nach Rußland
verbrachte schwedische Diplomat Raoul Wallenberg
ist im Jahre 1947 im Lubjanka-Gefängnis
in Moskau einem Herzschlag erlegen.

Amtliche sowjetische Erklärung

Ich weiß, daß Wallenberg noch 1975
gelebt hat.

ABRAHAM KALINSKI
Aktenzeichen 30/II 1979, ACF

Im Gulag kann man überleben.
Ich habe im Butyrka-Gefängnis
einen Schweden getroffen,
der 30 Jahre gesessen hat.

JAN KAPLAN
telefonisch aus Moskau
unmittelbar vor seiner Wiederverhaftung, 1979

Ich habe vorgehabt, sie in New York aufzusuchen, wo sie an der Columbia-Universität ein Seminar über jüdische Geschichte leitet, doch sie selbst hat angeregt, ich möge sie auf ihrer Europareise treffen. Und so geschieht es.

In Bialystok, einer ostpolnischen Stadt knapp vor der Grenze, geht sie mit Akribie den verwehenden Spuren jiddischer Lebensweise nach. Sie befragt die älteren Einwohner nach ihren Erinnerungen. Sie arbeitet dabei mit Kamera und Tonband und manchmal auch mit dem Skizzenblock. Sie sagt: »Man muß es aufzeichnen, solange es noch wen gibt, der sich daran erinnert.« In Bialystok hatte die Einwohnerschaft vor dem Krieg zu achtzig Prozent aus Juden bestanden. Heute lebt dort kein einziger mehr. Eine Kultur wurde ausgerottet.

Als ich sie mit »Professor« anrede, protestiert sie. Danach passe ich mich den amerikanischen Sitten an und benutze ihren Vornamen.

Judith Komoly ist, obwohl bestimmt über Fünfzig, eine attraktive Frau. Alles an ihr ist aufeinander abgestimmt: die Dior-Brille, das knappe T-Shirt, die wie angegossen sitzenden Jeans.

Ein paar Stunden lang sehe ich ihr bei der Arbeit zu. Ein alter Herr, pensionierter Lehrer, beschreibt, wie es in Werkstatt und Wohnung des jüdischen Flickschusters ausgesehen hat. Im Anschluß daran macht die Kamera ihren Rundgang durch das auf der Abbruchliste stehende Holzhaus, in dem längst mehrere polnische Familien wohnen. Über dem Eingang erkennt man noch die Reste einer durch Wind und Wetter getilgten Aufschrift.

Am Abend sitzen Judith Komoly und ich in ihrem Hotel neben der orthodoxen Kirche bei einer Flasche Zubrowka zusammen. Sie kippt den Wodka wie ein Mann.

»Gott«, sagt sie, »damals in Budapest ...«

Sie ist dorthin, erzählt sie, vor ein paar Jahren zurückgekehrt und hat sich umgesehen. »Manches war ganz anders«, sagt sie, »und daran sieht man, wie die Erinnerung trügt, und manches ist völlig unverändert. Ich bin durch die Phönixstraße gegangen, ich bin in der Tatrastraße in das Haus Nummer 6 eingekehrt, in der Benczurstraße in die Nummer 16. Im Krieg war das meine letzte Station gewesen, neunzehnhundertfünfundvierzig, dort habe ich auch meinen zwanzigsten Geburtstag gefeiert – am 19. Januar, an dem Tag, als die Russen Wallenberg abführten und Joel hinter dem Wagen herrannte ...«

Meine Vorgeschichte tut wohl nichts zur Sache. Es mag genügen, daß ich seit dem September in der Phönixstraße lebte. Als von der Abteilung C Leute gesucht waren, die perfekt im Maschineschreiben waren und neben der ungarischen auch die deutsche Sprache beherrschten, meldete ich mich. Fortan wurde ich zusammen mit einigen anderen Frauen und Männern jeden Tag mit einem kleinen Lastwagen in die Tatrastraße und wieder zurückgefahren. Obwohl wir alle reguläre Angestellte der schwedischen Gesandtschaft waren, wollte Wallenberg nicht das Risiko eingehen, uns durch die Stadt zu Fuß gehen zu lassen.
In der Tatrastraße wurde bis zuletzt gearbeitet – auch noch, als längst der Krieg über die Stadt hergefallen war. Wallenberg legte großen Wert darauf, daß alle Inhaber von Schutzpässen auch tatsächlich bei uns registriert waren. Er wollte verhindern, daß die Deutschen eine Handhabe fänden, die Papiere für rechtsunwirksam zu erklären. Die bei uns unter dem Stichwort Sammelpaß geführten Karteikarten mußten stets auf dem neuesten Stand sein.
Anfangs pflegte Wallenberg täglich ein paar Stunden in der Tatrastraße zuzubringen, mit Konferenzen, Telefonaten und dem Studium von Akten, doch als der Dezember kam, ließ er sich nicht mehr blicken. Der Grund, weshalb

er sich verborgen hielt, war uns bekannt: Eichmann hatte seine Ermordung befohlen, und alle Nazis machten Jagd auf ihn.
Im Januar fing man an, die Tage bis zur Befreiung zu zählen. Die Russen befanden sich bereits in der Stadt, und die Schlacht fraß sich unaufhaltsam von Haus zu Haus und von Straße zu Straße.
Die Gesandtschaft auf der anderen Donauseite wurde ausgebombt. Das Personal richtete sich in den unversehrt gebliebenen Kellerräumen ein, die als bombensicher galten. Von dort aus rief man ein paarmal in der Tatrastraße an, um Wallenberg aufzufordern, seinen vorgeschobenen Stützpunkt zu räumen, und als die Telefonverbindung zusammenbrach, schickte man einen höheren Diplomaten zu uns nach Pest. Um sich mit ihm zu treffen, erschien Wallenberg erstmals seit langer Zeit wieder im Büro.
Das Gespräch wurde zwangsläufig bei offener Tür geführt, denn seitdem im Nebenhaus eine Bombe eingeschlagen war, klemmten bei uns die Türen. Ich konnte hören, wie dieser schwedische Diplomat, der sich durch den Bomben- und Granatenhagel zu uns durchgearbeitet hatte, Wallenberg beschwor, kein Risiko einzugehen und sich im Kellergewölbe der Gesandtschaft einzufinden, denn wenn es hart auf hart ginge, wäre man allein dort durch international garantiertes Recht abgesichert: unter den Fittichen des Gesandten Danielson. Der Besucher reihte ein triftiges Argument an das andere. Er sagte, Wallenberg hätte endlich die Pflicht, an sich selbst zu denken, und er möchte doch den ihm übermittelten Wunsch des Gesandten als dienstliche Order betrachten, alles stehen und liegen lassen und sich sofort auf den Weg machen, bevor die Kriegswalze über die Innenstadt hinwegginge.
Der fremde Diplomat sagte: »Wallenberg, seien Sie vernünftig! Es wird zu Straßenkämpfen kommen mit allen fürchterlichen Konsequenzen. Sie werden zwischen die Mühlsteine geraten. Ich bin gekommen, um Sie abzuho-

len. Aber beeilen Sie sich, um Himmels willen! Wir müssen über die Donau, solange es noch eine Brücke gibt.«

Wallenbergs Antwort blieb anfangs unverständlich, weil er mit leiser Stimme sprach, doch dann vernahm ich: »Und was wird aus meinen Leuten? Sie wissen selbst, daß Sie sie nicht alle unterbringen können. Jemand von der Gesandtschaft muß an ihrer Seite sein, wenn die Russen kommen. Geben Sie sich keine Mühe! Übermitteln Sie Herrn Danielson meine Empfehlung und richten Sie ihm aus, daß ich bleibe.«

Am Nachmittag darauf mußte, weil die Front näher rückte, das Büro in der Tatrastraße geschlossen werden. Zur Phönixstraße gab es kein Durchkommen mehr, und so suchten wir Zuflucht in der Benczurstraße: im Hause der Transportabteilung des Internationalen Roten Kreuzes, wie sich die Kartoffelkonvoiabteilung offiziell nannte. Wallenberg verabschiedete sich von uns. Er äußerte die Absicht, sich, sobald der Beschuß nachließe, zusammen mit seinem Fahrer Langfelder zur Phönixstraße durchzuschlagen, um dort nach dem Rechten zu sehen.

Drei oder vier Tage später tauchte er ohne Langfelder erneut in der Benczurstraße auf. Er sah sehr blaß und erschöpft aus und konnte sich vor Müdigkeit kaum auf den Beinen halten. Er bat um unser Einverständnis, bleiben zu dürfen. Die Nazis, sagte er, wären nach wie vor hinter ihm her, so daß seine Anwesenheit zusätzliche Gefahr bedeutete. Er war in Begleitung eines ungefähr neunjährigen Jungen, den er auf seiner Odyssee kreuz und quer durch das umkämpfte Pest einem betrunkenen Pfeilkreuzler abgekauft hatte. Der Name des Jungen war Joel. Letzteres erfuhren wir, nachdem sich Edith Nußbecher, die in alten Tagen in einer Gehörlosenschule beschäftigt gewesen war, des Jungen angenommen hatte, denn der kleine Bursche war taubstumm. Nach und nach, mit viel Geduld, holte Edith Nußbecher seine Geschichte aus ihm heraus.

Um diese Zeit gab es in ganz Budapest keinen einzigen lebenden Juden, der nicht gleichfalls seine erbärmliche Geschichte hatte. Auch Edith Nußbecher hatte sie. Auch ich. Dennoch hat uns Joels Geschichte sehr erschüttert...

Sie füllt die Gläser nach und achtet darauf, daß ich mit ihr Schritt halte.
»Nicht mogeln, Joel!«
Ich mache ein leidendes Gesicht.
»Wirklich, Judith, ich vertrage das nicht.«
Sie wirft den Kopf in den Nacken.
»Unsinn. Das Zeug desinfiziert. Auch damals in der Benczurstraße ging, zur Feier meines Geburtstages, eine Wodkaflasche, selbstfabrizierter Fusel, von Mund zu Mund. Und jemand stimmte ›Hoch soll sie leben!‹ an, als plötzlich, zum letzten Mal, Raoul Wallenberg vor uns stand...« Sie bricht ab. Aus der orthodoxen Kirche klingt getragener Gesang. Sie runzelt die Stirn: »Also, Joels Geschichte, wie ich sie von Edith Nußbecher erfuhr...

Joel kam aus dem Ghetto. Dort hatte er mit seinen Eltern gelebt, bis seine Mutter im Oktober an einer unbehandelt gebliebenen Blinddarmentzündung starb. Der Vater, früher ein angesehener Strafverteidiger, hatte es nicht gewagt, sie in klinische Behandlung zu geben. Genausogut hätte er sie erschlagen können. Mit der Mutter verlor Joel den einzigen Menschen, mit dem er sich verständigen konnte, denn der Vater beherrschte die Gebärdensprache nicht. Für Joel brach eine einsame Zeit an.
Im Januar traf ihn der nächste Schicksalsschlag. Eine Horde Pfeilkreuzler erschien, trieb die Hausbewohner zusammen und schleppte sie zum Steilufer über der Donau. Dort befand sich ein von den Pfeilkreuzlern bevorzugter Erschießungsplatz. Er hatte für sie den Vorteil, daß sie sich um die Leichen nicht zu kümmern brauchten. Auch Joels Vater wurde dort erschossen, aber

unmittelbar bevor die Schüsse fielen, gelang es ihm noch, Joel das Leben zu retten. Er stieß ihn in den Fluß.
Joel konnte nicht schwimmen. Er ertrank nur deshalb nicht, weil sich in seinen Kleidern eine Luftblase gebildet hatte. Die Strömung riß ihn in die Dunkelheit hinein und spülte ihn hundert Meter weiter wieder an Land. Er klomm die Böschung hinauf, überquerte die Straße und verkroch sich in einer Ruine. Doch auch dort wäre er in seinen nassen Kleidern elendig zugrunde gegangen, wenn er nicht im Keller auf ein Bündel alter Zeitungen gestoßen wäre. Mit den Zeitungen deckte er sich zu. Zwei Tage später trieben ihn Hunger und Durst ins Freie. Dabei lief er ein paar betrunkenen Pfeilkreuzlern direkt in die Arme. Gerade als diese anfingen, ihn als lebende Zielscheibe zu benutzen, tauchte Wallenberg auf. Er bezahlte für den Jungen alles, was er bei sich trug.
Nun also befand sich Joel bei uns in der Benczurstraße. Edith Nußbecher war um diese Zeit schon sehr krank, und so ging die Verpflichtung, den Jungen zu versorgen, mehr und mehr auf mich über. Sie brachte mir die wichtigsten Gebärden bei wie »Hunger«, »Durst«, »Schlafen« und »Ich hab dich lieb«. Nach ein paar Tagen kam ich bereits ganz gut mit ihm zurecht, aber das bedeutete durchaus nicht, daß er mich in sein Herz schloß. Er hing an Raoul Wallenberg und folgte ihm auf Schritt und Tritt, und erstaunlicherweise gab es für die beiden keinerlei Verständigungsprobleme. Es gab etwas, was sie über die Sprachbarriere hinweg miteinander verband. Wenn Wallenberg den Jungen, wie es mitunter geschah, spitzbübisch angrinste, dann ging über Joels Gesicht ein helles Leuchten, und er grinste zurück. In solchen Momenten waren die beiden ein Herz und eine Seele.
Wallenberg machte sich große Sorgen um seine fünfzehntausend Schutzbefohlenen. Er befürchtete, sobald die vom Kampf erhitzten russischen Vorhuten in die Phönixstraße einrückten, Mißverständnisse, Übergriffe und Schlimmeres. Mochten die Russen auch tausendmal als

unsere Befreier kommen – sie waren und blieben Soldaten, die sich in einer verlustreichen Schlacht von Haus zu Haus vorankämpften. Sie waren aufgeladen mit Haß, Wut und dem Verlangen, Rache zu nehmen.

Wallenberg sann auf Abhilfe. Man müsse ihnen etwas entgegenstellen, was auf sie Eindruck machte, sagte er. Und da die Verbindung zur regulären Gesandtschaft abgerissen blieb, so daß von dieser keine Unterstützung zu erwarten war, schuf er Ersatz. Er ernannte das Haus Benczurstr. 16 kurzerhand zur »Königlich-Schwedischen Gesandtschaft im von der Roten Armee befreiten Ungarn« und machte sich mit Hilfe eines ehemaligen Kunstmalers und eines einäugigen Graphikers an das Entwerfen der Schilder. Sie trugen das schwedische Staatswappen und waren in drei Sprachen gehalten, auf Schwedisch, Ungarisch und Russisch. Als Material dienten ein paar Tischplatten. Eine schwedische Flagge war nicht aufzutreiben, aber schließlich wurde eine solche aus allerlei Lumpen fabriziert und an einem Besenstiel über dem Balkon gehißt. Bei der Gelegenheit hielt Wallenberg eine kurze Ansprache.

Ein paar Tage lang, sagte er, sollten wir noch die Köpfe einziehen, aber danach begänne für uns ein neues Leben. Und dann gab er uns noch den Rat, niemals zu sagen, die Welt sei gut oder schlecht, sondern sie stets an dem zu messen, was wir selbst zu sein versuchen.

Ich war sehr jung. Vielleicht hätte ich sonst genauer hingehört. So habe ich das meiste vergessen. Unvergessen blieb nur, daß ich ihm das Leben verdanke. Ich: das sind wir alle. Auch Joel.

Eine Weile war Judith Komoly weit fort: eingetaucht in die Vergangenheit. Sie besinnt sich dessen, daß wir in Bialystok sind, und sie sagt, indem sie aus dem Fenster weist: »Man muß das hier gesehen haben, diese gähnende Leere, um zu ermessen, was Wallenberg in Budapest geleistet hat. Ohne ihn wären wir verwehte Asche: wie dieser Flickschuster ...«

Ich verspüre das Bedürfnis zu schweigen. Es ist ihr recht. Stumm kippen wir unseren Wodka.
Judith Komoly sagt: »Was mir zu schaffen macht, ist dies...: daß, als er unser bedurfte, wir uns nicht wie ein Mann vor ihn gestellt haben.«
Sie schließt die Augen, sucht den fallengelassenen Faden, nimmt ihn wieder auf.

Am 17. Januar waren die Russen da. Sie kamen aus dem Keller. Indem sie sich von einem Gewölbe durchgewühlt hatten in das andere, hatten sie die ganze Benczurstraße unterquert, ohne einen Schuß abgeben zu müssen. Plötzlich gab es in einer dunklen Ecke eine Explosion, und als Rauch und Staub sich gelichtet hatten, kamen sie mit geschwärzten Gesichtern durch die geborstene Wand, und es hieß: »Dawai, Dawai! Hände hoch und alle an die Wand!«
Wallenberg, der etwas Russisch sprach, schaltete sich ein, und zwischen ihm und einem russischen Offizier kam es zu einem Wortwechsel. Ich verstand so viel, daß Wallenberg den Russen auseinandersetzte, daß sie sich auf dem Gelände einer neutralen Gesandtschaft befänden. Es gelang ihm schließlich, den Offizier zu überzeugen. Dieser überprüfte unsere Dokumente und nickte.
Man wußte nicht so recht, ob man endlich aufatmen durfte oder nicht. Das feindselige Benehmen der Russen glich dem der Deutschen auf ein Haar, aber Wallenberg bedeutete uns, es hätte alles seine Ordnung, und die Russen bestünden lediglich noch auf einer Formalität: daß er sich mit seinem Diplomatenpaß bei ihrem kommandierenden General meldete.
Die Atmosphäre entspannte sich. Die Russen ließen ihre Waffen sinken, und als dann einer von uns spontan ›Kalinka‹ anstimmte, ein populäres russisches Volkslied, reagierten sie mit viel Hallo und Schulterklopfen und Umarmungen. Die Kühnsten unter ihnen boten Machorka zum Selbstdrehen an. Richtige Zigaretten besaßen sie nicht.

Wallenberg erwähnte weiterhin, es sei ihm gelungen, den Russen klarzumachen, daß er der diplomatische Vertreter des Landes wäre, das die sowjetrussischen Interessen in Ungarn stellvertretend wahrgenommen hatte. Das Haus stünde von diesem Moment an unter russischem Schutz, und wir hätten nichts mehr zu befürchten. Im übrigen würde er von seinem Besuch beim General Tschernitschew sofort zu uns zurückkehren.
Der Offizier gab Wallenberg zwei Soldaten mit auf den Weg. Joel wollte hinterher, aber Edith Nußbecher bekam ihn zu fassen und hielt ihm eine wortlose, aber nicht minder beeindruckende Standpauke.
Wallenberg kehrte weder an diesem Tag noch am folgenden zurück, und es gab auch keine Möglichkeit, in Erfahrung zu bringen, wo er sich aufhielt. Der Schutz, von dem er gesprochen hatte, wurde uns jedoch zuteil: Vor dem Haus zog eine Wache auf. Die russischen Soldaten waren freundliche, umgängliche Burschen und hatten viel mit uns gemein. In ihrer Heimat hatten Hitlers Heerscharen gewütet, aber nun war, wie sie sagten: »Gittler kaputt!« Sie sagten auch Gimmler statt Himmler und Gans statt Hans. Über den Verbleib von Wallenberg wußten sie nichts. Als wir sie fragten, beruhigten sie uns: »Ist Diplomat – ist gutt. Ist Schpionn – bummbumm, kaputt!«
Ein russischer Heereslastwagen schaffte Verpflegung heran. Am Tag nach der Befreiung aß ich mich seit langer Zeit zum ersten Mal wieder satt. Und am zweiten Tag hatte ich Geburtstag. Eine Flasche Wodka war aufgetrieben worden und ging nun, da es an Gläsern fehlte, von Hand zu Hand und Mund zu Mund. Man trank auf mein Wohl: auf meinen ersten Geburtstag im neuen Leben.
Man sang gerade ›Hoch soll sie leben!‹, als auf der Straße ein Wagen vorfuhr und Wallenberg ausstieg. Er war in Begleitung eines Offiziers und zweier Militärpolizisten, und er kam lediglich, um in Eile ein paar Sachen zu packen.
Bevor er uns wieder verließ, wechselte er ein paar Worte mit Stefan Radi. Er sagte, er würde nach Debreczin in das

sowjetische Hauptquartier überstellt, zu Marschall Malinowski, und – hierbei lächelte er schief – er wüßte nicht, ob als Gast oder als Gefangener.
Danach führten ihn die Russen hinaus, und wir sahen ihn in den Wagen steigen, der aussah wie ein Jeep. Er saß eingekeilt zwischen den beiden Militärpolizisten.
Joel war, nachdem er zwei Tage lang in Apathie zugebracht hatte, bei Wallenbergs Erscheinen plötzlich wieder sehr lebhaft geworden und hatte so lange Mätzchen gemacht, bis Wallenberg auf ihn aufmerksam wurde und ihm mit einer zerstreuten Bewegung über das Haar strich.
Als Wallenberg uns erneut verließ, brach für Joel die Welt zusammen. Er rannte hinaus, er rannte hinter dem Wagen her und klammerte sich daran fest. Er klammerte sich an dem Wagen fest mit der Kraft der Verzweiflung. Der Wagen wurde schneller, und Joel wurde mitgeschleift, und irgendwann ließ er los und blieb mit dem Gesicht nach unten mitten auf der Straße liegen.
Raoul Wallenberg sah sich nicht um. Er hatte von dem, was eine Armeslänge hinter ihm geschah, nichts bemerkt.

Judith Komoly schweigt. Ich schweige. Irgendwann raffe ich mich auf, die Frage zu stellen, die mir am Herzen liegt.
»Ich nehme an«, sage ich, »Sie haben Joel mit nach Amerika genommen.«
Sie ist mit ihren Gedanken irgendwo und läßt mich warten. Endlich blickt sie auf.
»Nein«, erwidert sie, mehr nicht.
Mir scheint, daß ich ein Thema angerührt habe, über das sie nicht reden will, aber die Sache läßt mir keine Ruhe. Mit schlechtem Gewissen erkundige ich mich: »Ist es ein Geheimnis, was aus ihm geworden ist?«
Sie schüttelt den Kopf. »Ich würde es Ihnen sagen, wenn ich es wüßte. Ende Januar wurde ich krank und verbrachte über einen Monat in der Klinik, und als ich wieder herauskam, war er fort. Vielleicht hat ihn

jemand mitgenommen, vielleicht hat er sich zu Fuß in seine Heimat aufgemacht, um seine Angehörigen zu suchen. Ich weiß es nicht. Es ging ja alles drunter und drüber damals.«
Sie will Wodka nachschenken, doch die Flasche ist leer. Sie betrachtet sie stirnrunzelnd und stellt sie zurück. Sie sagt: »Das war vor sechsunddreißig Jahren, und damals war ich jung.«
Sie schweift ab. Ich lenke sie zum Thema zurück. »Ich warte darauf, daß Sie mir die Geschichte zu Ende erzählen, Judith.«
Ihre Augen hinter der teuren Diorbrille bekommen einen strengen Glanz. Sie steht abrupt auf, öffnet das Fenster und wischt mit der Hand über die schlafende ostpolnische Stadt Bialystok.
»Weshalb?« sagt sie. »Die hier gelebt haben, sind alle tot. Sie, Joel, sind zur gleichen Zeit in Budapest gewesen – und Sie leben. Das ist die ganze Geschichte. Und das ist die einzige, die Sie etwas angeht. Ich werde Ihnen etwas mit auf den Weg geben ...«
Sie kramt in ihrem Koffer und kehrt mit einer verschnürten Mappe zurück. Sie nestelt die Mappe auf und entnimmt ihr ein vielfach gefaltetes, leicht vergilbtes Dokument. Es ist ein schwedischer Schutzpaß. Das Foto zeigt ein mir unbekanntes Kindergesicht. Der Vorname des Trägers lautet Joel, der Nachname ist nicht mehr zu entziffern. »Joels Schutzpaß«, sagt sie. »Er blieb versehentlich in meiner Handtasche. Stecken Sie ihn ein. Auch Sie sind ein Joel, der überlebt hat.«
Vielleicht ist sie etwas betrunken. Ich vermag es nicht zu beurteilen. Ich kenne sie zu wenig. Es mag auch sein, daß sie sich für mich verantwortlich fühlt, weil ich Joel heiße.
Anderntags, im Flugzeug, krame ich das Dokument hervor, das meinen Namen trägt. Die beglaubigende Unterschrift neben dem Stempel ist noch recht deutlich. Sie lautet: Raoul Wallenberg.

Inhalt